JN068987

発掘写真で訪ねる

都電が走った東京アルバム

【第7巻】
（29系統〜34系統）

三好好三

錦糸堀まぢか、都バス江東営業所前を須田町に向う㉙系統の7000形
亀戸駅前から西進して横十間川に架る松代橋を越えると、都バスの江東営業所があり、総武線の錦糸町駅と都電の錦糸堀停留場が接近してくる。都バスの江東車庫は旧・東京乗合自動車（青バス）の施設を引継いだもので、戦後も長らく「東京乗合自動車」「青バス」の文字が建屋に残っているのが総武線の車窓から見えていた。現在、都バス車庫は江東橋に移転している。
◎松代橋付近　1972（昭和47）年3月1日　撮影：荻原二郎

.....Contents

信濃町駅前の専用橋を渡り、浜松町一丁目に向う㉝系統の8000形
左が慶應義塾大学病院、右の巨大ビルが賃貸オフィスの「トーシン信濃町駅前ビル」。
都電の専用橋は都電廃止後車道に編入された。現在は信濃町駅の上に1993（平成５）年
竣工のＪＲ信濃町ビルが建ち、駅の周辺には創価学会関連の高層ビルが林立している。
◎信濃町　1069（昭和44）年１月２日　撮影：矢崎康雄

まえがき

　東京23区といえども国鉄線、私鉄線、地下鉄線などの高速鉄道が通っていない空白地帯がかなりありました。そのような地域の足となっていたのが市電（→都電）と私鉄の軌道線（玉川電気鉄電・王子電気軌道・城東電気軌道など）でした。都電の場合は高速路線から外れた区域のエリアが広く、通勤・通学・商用・買物などに無くてはならない存在になっていました。それは山の手も下町の区別はなく、都電は人の動きに合せてその地にネットを築き、それがまた人の暮しと動線を生み出す根幹となっていました。

　本シリーズも巻を重ねるにつれ、そのような地域の重要な交通機関となっていた都電の系統を取り上げることが多くなってきました。この第7巻も下町と山の手の高速鉄道とは縁の遠かった地域の路線が主体となっています。その各系統は、一見何の脈絡も無いように見えますが、都電のネットワークが完成していた時期でしたから、各々の路線は共通する性格を有し、どこかで必ず幹線系統と連絡して、国鉄・私鉄・地下鉄の駅に到達できるようになっていました。

　現在は地下鉄路線が都電に代って充実していますので、空白地帯は江東・城北地区の一部を除いてほとんど解消し、都電時代とは比較できないほど、利便性は向上しています。本巻はちょっと過去に戻って、都電のネットが交通不便な地域をカバーしていた時期の模様を見ていただきたいと編んでみました。下町の路線と山の手の路線が入り乱れての1冊となったのはそのような次第からです。この第7巻もお楽しみいただければ幸甚です。

2023（令和5）年5月　　三好好三

都電廃止が進行する中での浅草橋交差点付近と㉙系統須田町行きの7000形
浅草橋交差点から1ブロック東（両国橋西詰寄り）を見たもの。奥に両国橋と日大講堂（旧国技館）のドーム屋根が見える。背後の江戸通りとの交差点は都電の交点でもあったが、撮影前年の1971年3月には交差していた㉒㉛系統が廃止され、撮影時には京葉・靖国道路上に残った㉕㉙系統が走るだけになっていた。都電の消えた街、短縮された街はどこか寂寥感が漂っていた。
◎浅草橋　1972（昭和47）年6月1日　撮影：荻原二郎

南砂七丁目停留場前を錦糸堀車庫前に向う㉙系統の7000形
㉙系統区間便の一景。末期の㉙系統には1500形が似合うイメージがほぼ定着していたが、6000、7000、8000形も活躍し、砂町地区の沿線風景に溶け込んでいた。ラッシュ時にはかなり混雑したが、下町らしいきびきびした乗客の動きにより前後扉の1500、6000形と前中扉の7000、8000形との扉位置の違いによる混乱はあまり見られなかった。
◎北砂七丁目（旧・南砂町六丁目）
1972（昭和47）年7月2日
撮影：安田就視

祭礼で徐行しつつ緑一丁目（旧・東両国緑町）交差点に停まる㉙系統須田町行きの7000形
牛嶋神社の祭礼は京葉道路の北側から向島にかけての広範な地域で9月に催され、両国がその最南端となる。京葉道路でいえば、両国より東の亀戸から錦糸堀、江東橋、緑町三丁目、同二丁目の間は亀戸天神の区域となり、祭りは8月に行われる。牛嶋神社の5年おきの例大祭では本物の黒牛が屋台を牽くのが恒例となっていた。
◎緑一丁目
1972（昭和47）年7月2日
撮影：安田就視

日大講堂（旧・国技館）前を行く㉙系統須田町行きの7000形
見事なドーム屋根の旧国技館前を行く都電は絵になった。撮影時は日本大学講堂になっていたが、プロボクシング、プロレス、各種イベントの会場にも使用されていた。学生数の多い日大の入学式は日本武道館で行われていた。
◎両国
1972（昭和47）年7月2日
撮影：安田就視

須田町交差点を渡り、折返しポイントへ進む運転最終日の㉙系統6000形
㉙系統は、最後まで残った下町の各路線と共に1972（昭和47）11月12日付けで廃止された。写真はその前日の最終運転日の模様。交差する中央通りの各路線はすでに㉔系統を残して廃止されており、寂しい光景となっていた。手前のガードが中央線、奥のガードが総武線、その右手一帯が秋葉原の電気街。中央通りの正面奥が上野方面、背後が神田・日本橋・銀座方面。靖国通りの左が九段方面、右が両国方面である。◎須田町　1972（昭和47）年11月11日　撮影：矢崎康雄

東京駅丸ノ内南口を過ぎて、終着の都庁前に進む㉛系統の6000形
左奥が東京駅最南端部で屋内は東京ステーションホテルになっている。高架線のホームは中央線の1・2番線末端部で、荷扱い場になっていた。高架下は「はとバス」の案内所と乗降場。道の左は中央郵便局で、配送車が停まっている。都電の方向幕はすでに折返し三ノ輪橋行きの表示に変っている。狂乱の高度成長期の真っ只中ながら、戦前からの風景を残していた昭和時代の落着きが感じられる一景と言える。◎東京駅丸ノ内南口　1969（昭和44）年1月1日　撮影：矢崎康雄

㉗㉜系統を統合し「荒川線」と改称、ワンマン化を開始
1972（昭和47）年11月12日に㉗系統の王子駅前〜赤羽間を廃止した後、唯一残った都電路線として1974年10月1日に㉗㉜系統を統合し、三ノ輪橋〜早稲田間の「荒川線」と改称のうえ都電は新たなスタートを切った。以後は車両、ホーム、軌条などの改良を進め、7000形の車体新製、7500形のステップ廃止を経て1977（昭和52）年10月1日から一部ワンマン運転を開始、1978年4月1日から全列車がワンマン運転となった。写真は最初期のワンマン車両となった㊧7000形（車体新製）、㊥7500形（ステップ撤去、前扉の一部改造）、㊨7000形（未改造の予備車）の公開時の模様。系統番号は廃止され「荒川線」のみの表示となっている。◎荒川車庫　1977（昭和52）年12月14日　撮影：矢崎康雄

ワンマン化改造で顔立ちが変った7500形

荒川線のワンマン化は1977（昭和52）年に開始され、新車体に載せ替えた7000形31両と部分改造された7500形16両が初代のワンマンカーとなった。後者にはバリアフリーのためのホームのかさ上げに対応した改造が施された。ステップ廃止のほか運転台脇の前扉付近の絞りを廃して扉とホームの隙間をなくす改造が施された。その結果、7500形の顔立ちは左右非対称となり、角度によってはイビツな顔に見えるようになった。画面の7505号車（青帯）はその改造後の顔立ち、後続の7509号車（赤帯）は未改造の原型で、比較するとその違いがわかる。
◎王子駅前　1977（昭和52）年12月14日　撮影：矢崎康雄

雑司ヶ谷停留場に見る車両、軌条、駅舎など一新後の荒川線風景

荒川線に改称後の飛躍は著しく、車両も施設も美しく改良整備された。その後も東急世田谷線と共に都内では地元密着のLRT（新時代の軽快電車）として魅力のある路線に発展している。
◎雑司ヶ谷
2000（平成12）年6月10日
撮影：矢崎康雄

「荒川線」に新装後も予備やイベント用に残った6000形

荒川線のワンマン化時には在来の6000形が13両残されたが、7000、7500形の予備となって順次廃車が進み、一部は花電車の台車に改造後廃車。保管車両、応急車に各1両を残して姿を消した。画面の6152号車は応急車として残った1両で、ステップを小改造後、塗色を緑／黄に復元し（昭和30年代初期までの色調・塗り分け線とは異なる）、ラッシュ時のほか貸切やイベント用に使用された。前照灯が1個だったので「一球さん」の愛称で親しまれていたが、2001（平成13）年に廃車となった。沿線の「あらかわ遊園地」に保存され、2022（令和4）年に「カフェ193」に改装された。
◎鬼子母神前～学習院下
2000（平成12）年6月10日
撮影：矢崎康雄

学習院下停留場に到着した車体
新製後の三ノ輪橋行き7500形
⑰㉜系統統合当時の荒川線では最も車齢の若かった7500形も、老朽化のため1984～87（昭和59～62）年に13両が冷房装置付きの新車体に載せ替えられた。7000形の新車体とはひと味違う仕様で、前面には旧7500形のイメージが若干残されていた。中堅どころとして活躍していたが、機器の老朽化と新造車の増備で2008～11（平成20～23）年に廃車となった。画面右の道路が明治通り。かつてはトロリーバス102系統（池袋駅前～品川駅前）が併走していた。
◎学習院下
2000（平成12）年6月10日
撮影：矢崎康雄

学習院下を早稲田に向う
「荒川線新装記念」花電車の列
荒川線新装記念の花電車は三ノ輪橋から早稲田まで均等に走行して、沿道から喝采を浴びた。花電車の台車となった乙6000形は1981年に廃車となった。その後は7510号車を「花100」に改造し、2011（平成23）年10月に都営交通100周年記念の花電車を運行して以後、途絶えている。現在は2007・09年製レトロ調車体の9000形2両がイベント用車両に指定されている。
◎学習院下
1978（昭和53）年4月8日
撮影：矢崎康雄

ターミナルらしい姿となった
新装後の「荒川線」
早稲田停留場
早稲田停留場は新目白通りの中央に置かれ、屋根付きの乗降ホームという利用しやすい構造となってお目見えした。奥が面影橋方面、手前背後が旧早稲田車庫、鶴巻町方面。都電全盛期の頃の面影は残っていない。
◎早稲田
2000（平成12）年6月10日
撮影：矢崎康雄

亀戸・大島・砂町周辺　1930（昭和5）年

帝国陸軍参謀本部陸地測量部発行「1/10,000地形図」

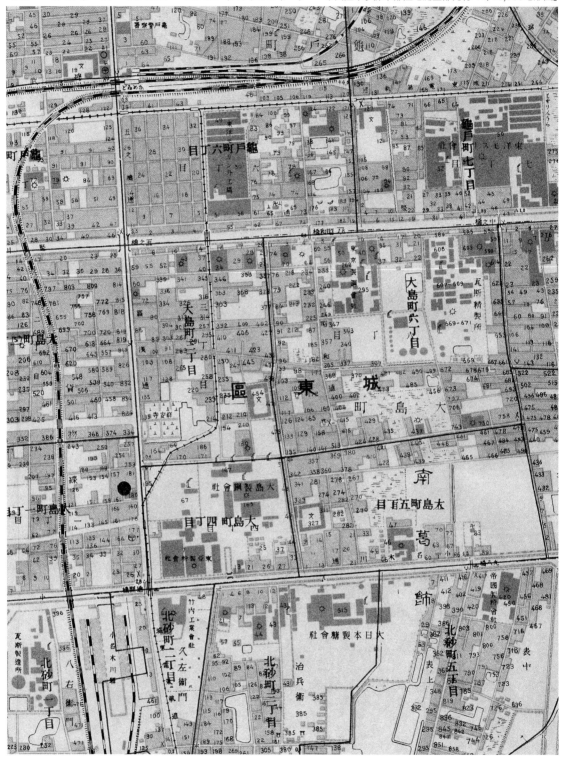

関東大震災の復興が進んで鉄道路線が整い、製造工場が急増

1923（大正12）年の関東大震災の復興が進むと、低湿地に鉄道が整備され、急速に工場が増えていった。図面の上が総武本線と東武亀戸線の亀戸駅で、分岐した貨物線（現・越中島支線）が左下の小名木川貨物駅および江東湾岸方面を結んだ。亀戸駅の南側を横断するのが京葉道路で、城東電軌の錦糸町〜西荒川間の小松川線と、水神森で南に分岐する同社砂町線の専用軌道が目につく（都電廃止後は亀戸緑道公園）。水神森分岐点には東洋モスリン（後に鐘ケ渕紡績と合併）の大工場が見えるが、1939（昭和14）年に閉鎖され、腕時計製造の第二精工舎亀戸工場となった（同社は千葉に移転、現在は複合商業ビル）。

錦糸町周辺　1930（昭和5）年

帝国陸軍参謀本部陸地測量部発行「1/10,000地形図」

整然とした街並みに無駄のない鉄道と運河が配置されていた

関東大震災による被災を機に都市計画が断行され、当時の東京市内では最も整備された街並みの1つが完成した。左右に横切るのが総武本線と錦糸町駅。駅西側（左）と隣の両国駅との間は明治期に完成した鉄橋式の我が国初の高架線だった。市電の路線も昭和40年代の廃止時期に近い配線だが、太平町三丁目〜亀戸天神橋間は戦後錦糸町駅北口に付替えられた。錦糸町駅前では市電と城東電軌の線路が繋がっていなかった様子が判る。橋の名を手掛かりに川の名を辿ると、南北に流れているのが大横川、図の中央で東西に交差しているのが竪川で、後者の頭上には首都高速7号小松川線が通っている。

両国橋周辺付近（昭和5年）

帝国陸軍参謀本部陸地測量部発行「1/10,000地形図」

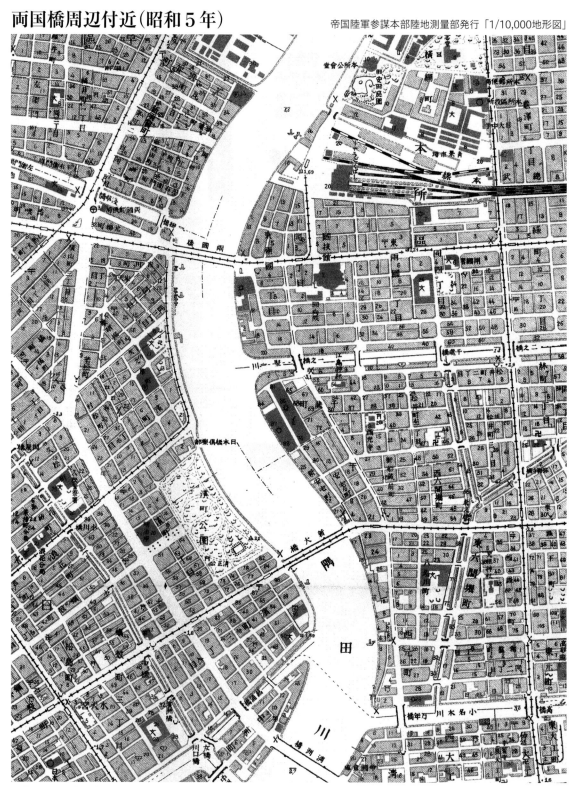

関東大震災の復興直後、下町地区の道路と市電網が完成の域に

1923（大正12）年の関東大震災で壊滅状態となった東京の下町は、1930（昭和5）年に復興を成し遂げ、道路網と市電（⇒都電）の整備が完了した。総武本線の両国橋駅（1932年両国駅と改称）の前にも市電が開通し、初代の国技館も完成しているが、両国～御茶ノ水間の支線は工事中だった。市電も図の左を南北に通る清洲橋通り（明治座前を経由）の計画線の他は完成の域に達していたが、隅田川沿いの浜町河岸を走る渋谷駅前～両国間の系統は不要不急路線として1944年に人形町～両国間が廃止となり、⑨渋谷駅前～浜町中ノ橋間の系統に短縮された。

須田町・神田駅付近（昭和5年）

帝国陸軍参謀本部陸地測量部発行「1/10,000地形図」

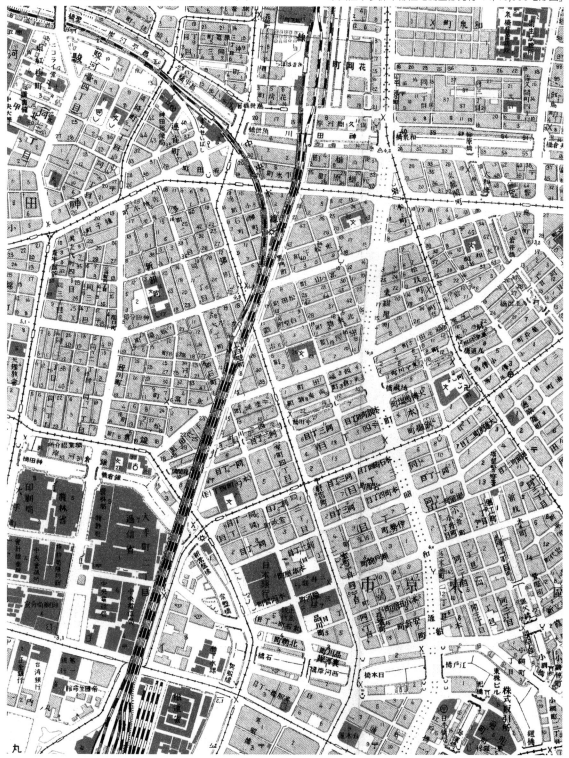

大震災復興後も江戸期代の町割りを残していた神田地区と新しい市街地の大手町、東京駅周辺

関東大震災以後に建設されたものを上（北）から見ていくと、高架線となった秋葉原駅が目立つが、同駅で交差する両国〜御茶ノ水間の総武支線は未開通。神田駅までの西側に見える靖国通りと中央通りの交点が市電（都電）のメッカ「須田町」で、近くに中央線の電車駅に縮小された万世橋駅が見える。また、省線（国鉄線）と平行に南に下る広い道が復興のシンボル「昭和通り」。上野駅前〜神田川間は専用線を都電が快走していた。左下の東京駅の左側が大手町の官庁街、続いて丸の内のビジネス街。八重洲口側には駅舎も無く、外濠が健在だった。

曳舟・玉ノ井周辺　1930（昭和5）年

帝国陸軍参謀本部陸地測量部発行「1/10,000地形図」

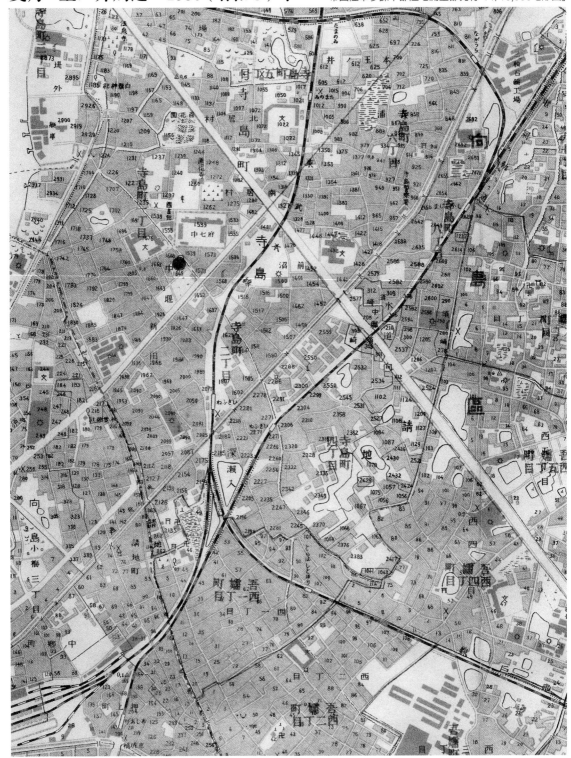

東武と京成が輻輳し、玉ノ井が栄えた墨東の市街地

縦断しているのが東武伊勢崎線、曳舟駅から分岐しているのが亀戸線。右上から斜めに押上駅に達しているのが京成押上線。途中の向島から分岐しているのが京成の白鬚線、東武と京成に玉ノ井駅が見えるが、京成は1936（昭和11）年に廃止となり、東武は1987年に高架駅の東向島と改称している。この図の寺島町内（現墨田区東向島五・六丁目、墨田三丁目）に永井荷風の「濹東綺譚」で知られた玉ノ井の私娼街があった。斜めに横断するのが明治通りで、東武線以北の水戸街道が未成のため、都電が向島から近くの寺島二丁目まで到達したのは戦後の1950（昭和25）年のことだった。

14

隅田川と浅草周辺　1930（昭和５）年

帝国陸軍参謀本部陸地測量部発行「1/10,000地形図」

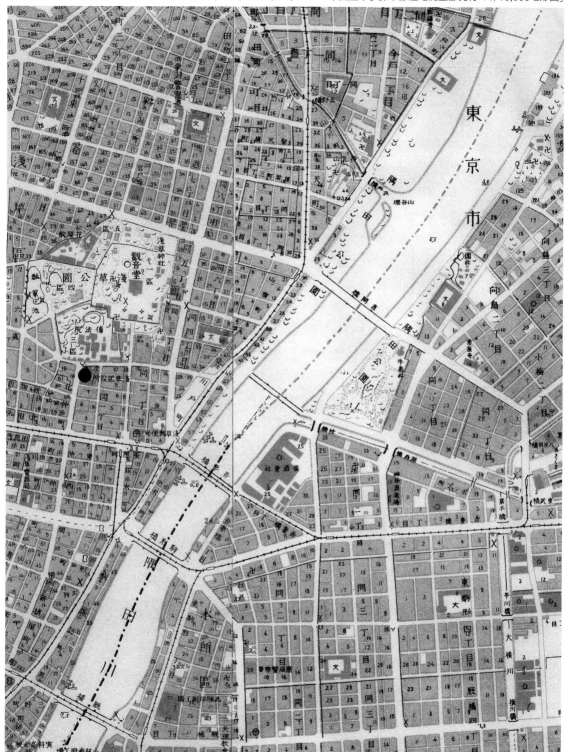

大川を挟んで江戸期以来の浅草と新開地も含む墨東地区が対峙

隅田川（大川）の左岸は浅草寺を中心にした浅草の街、その北（上）は江戸期に水田地帯から吉原を中心に開発された街。右岸は浅草の対岸が向島で、やはり田園地帯から次第に都市化したため道路は不規則。東武鉄道はまだ業平橋（駅名は浅草、業平橋を経て現・とうきょうスカイツリー）止まりだった。都電が走らなかった駒形橋に線路が描かれているのは、大震災で吾妻橋および市電の平行専用鉄橋が破壊されたため、駒形橋経由の迂回線を敷いて電車を通していたもの。現吾妻橋が1931（昭和６）年に完成すると元に戻されたが、駒形橋上とその近隣には昭和40年代まで廃線跡が見られた。

上野・御徒町・秋葉原周辺　1930（昭和5）年 帝国陸軍参謀本部陸地測量部発行「1/10,000地形図」

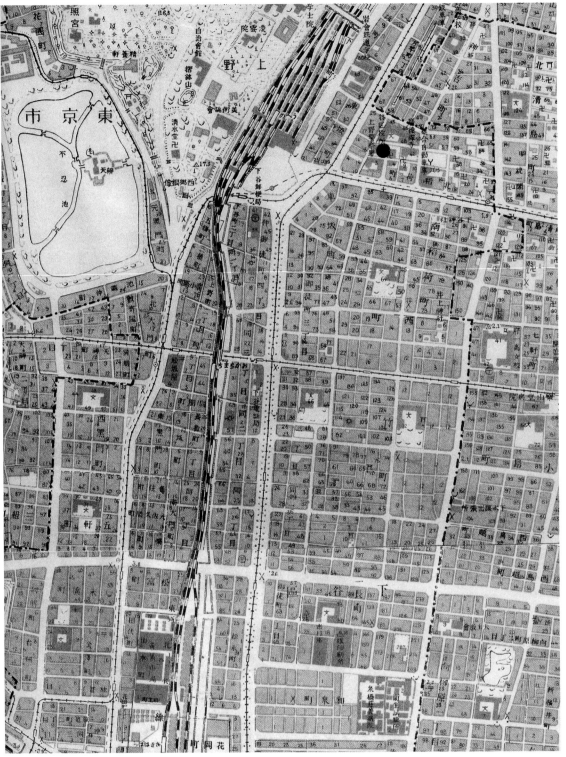

新設道路と市電のネットは整うが、狭い街並みは残っていた

上野駅の左が上野公園と不忍池、省線（国鉄線）は今と同位置。左に直進する道が浅草通り。省線の左に並行する道路が中央通り。右に並行する広い道路は震災復興の目玉の1つ「昭和通り」で、中央に市電の専用軌道が通っていた。市電（都電）の路線は発展期が続いており、昭和通りの東に並行する清洲橋通りと、秋葉原駅北側で山手・京浜東北線を横断する蔵前橋通りには市電の予定線を示す境界縁石が入っていた（実現はしなかったが）。図中の市電は中央通りの上野駅前、上野公園、上野広小路（御徒町駅の右）が主要停留場で、多数の系統が集まり、乗降客で賑わっていた。これらは戦後のクルマ洪水が来襲するまで続いた。

三ノ輪・龍泉寺町・上野付近（昭和5年） 帝国陸軍参謀本部陸地測量部発行「1/10,000地形図」

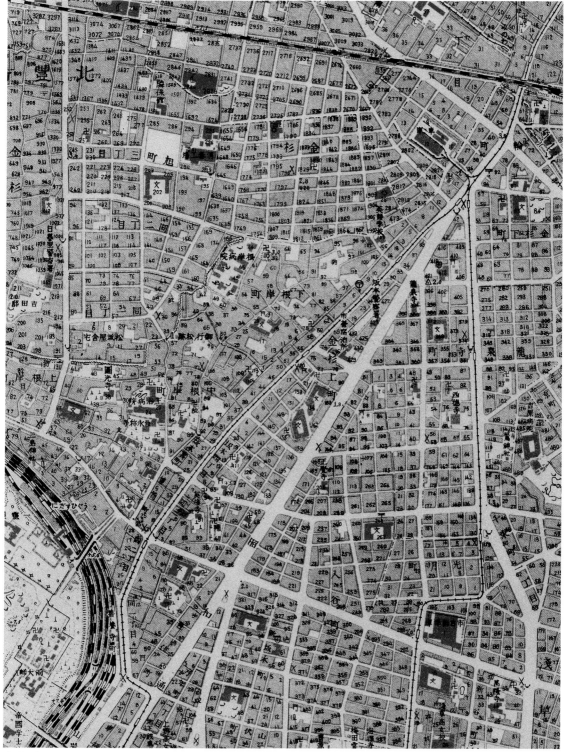

史跡の多かった三ノ輪、龍泉寺、千束の周辺と市電の路線
左下は鶯谷・上野駅。上部を横断しているのが常磐線。右が南千住方面。その上の日光街道上に市電、少し離れて王子電軌（現・都電荒川線）の三ノ輪橋停留場が見える。日光街道は常磐線の南側、大関横丁で復興道路の明治通りと交差し、市電は三ノ輪車庫前から国際通り（右。後の㉛系統）と昭和通り／金杉通り（左。後の㉑系統）方面に分岐していた。国際通りの右手、日本堤との間には吉原遊郭があり、周辺に龍泉寺町、千束町の商家、民家が密集していた。遊郭は1911年の大火、市街地は吉原と共に大震災と戦災に遭遇し、戦後は特色を失っていた。

四谷三丁目・青山付近(昭和5年)

帝国陸軍参謀本部陸地測量部発行「1/10,000地形図」

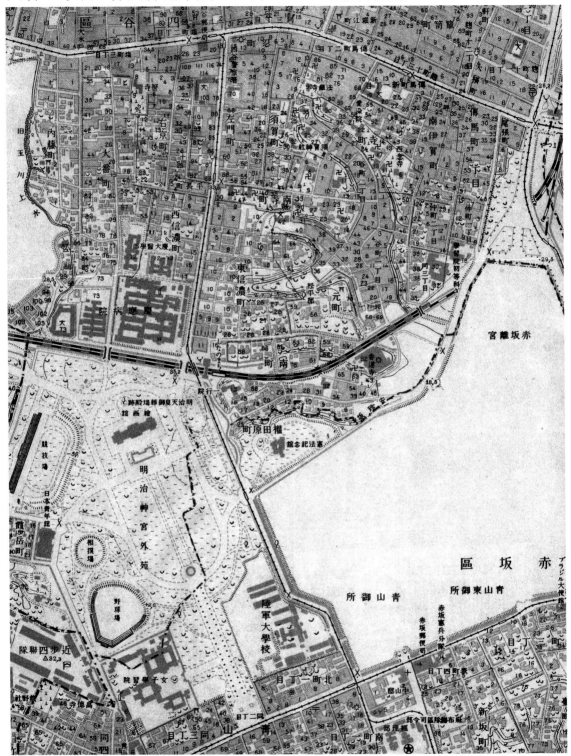

点を結ぶ幹線は省線、市街地の稠密な補助ネットは市電だった

中央右が赤坂離宮、その左が1926(大正15)年に完成した明治神宮外苑。図の上部を横切るのが甲州街道(国道20号)で後に⑪⑫系統が通り、縦断路線との接点が後の都電⑦㉝系統が発着する四谷三丁目。図の下方で横断しているのが青山通りで、交差点が青山一丁目(後の北青山一丁目)。右上に省線(国鉄線)の四ツ谷駅と中央線、外濠の一部が見え、ほんの少しだが外濠の1つ・真田濠(戦後埋立てられて現・上智大学グラウンド)も見える。東京は国鉄路線が早く路線網を完成し、後発の私鉄と路面電車がそれを補う形で発達した姿がここでも窺える。

18

渋谷付近（昭和5年）

帝国陸軍参謀本部陸地測量部発行「1/10,000地形図」

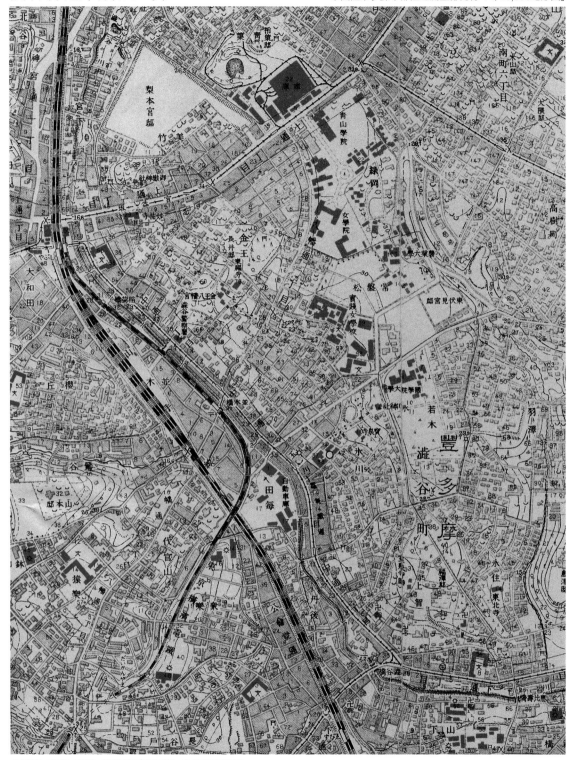

山手線、市電、玉電、東横線が街を築いた渋谷駅周辺

縦断する複々線の鉄道が山手線。渋谷駅から左下に分岐するのが東京横浜電鉄（後の東急東横線）、渋谷駅から右上に延びる軌道が市電（⇒都電）で、砂利輸送の関係で渋谷駅で玉川電気鉄道（玉電。後の東急玉川線）と線路が結ばれている。市電の広大な青山車庫と教習用のループ線が目立つ。市電以外の軌道線はすべて玉電の路線で、渋谷駅を貫通して天現寺橋、中目黒方面に線路が延びていた。東京高速鉄道（現・東京メトロ銀座線）の建設で玉電の線路は分断され、渋谷駅以南は全て東京市への委託を経て戦後都電となった（地下鉄線は1938年に開通）。

広尾・天現寺・古川橋付近（昭和5年） 帝国陸軍参謀本部陸地測量部発行「1/10,000地形図」

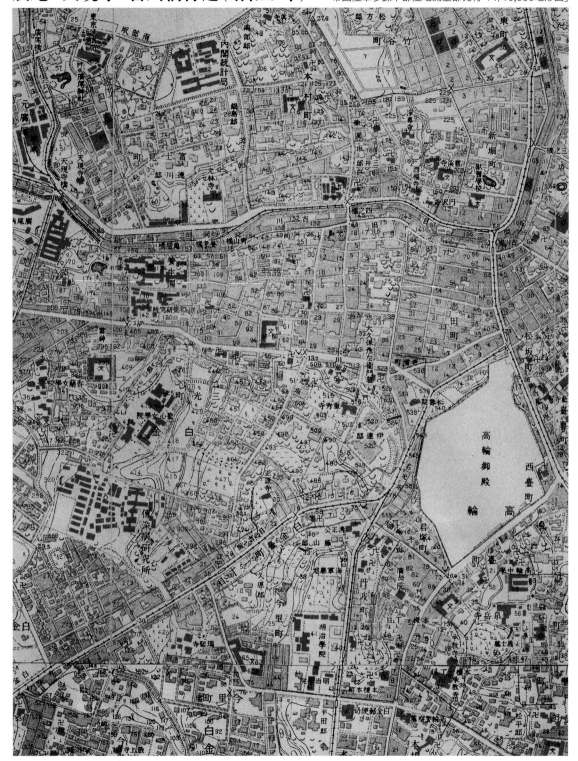

市電と一部の玉電路線が唯一の足だった城南地区

平面的に見えるが起伏に富んだ地形で、高速鉄道は皆無、市電が唯一の頼りだった。左上の天現寺橋に市電の広尾車庫があり、ここで玉電の天現寺橋線が渋谷から連絡していたが、市内乗入れは計画の段階だった。左をさらに進むのは四谷三丁目行き、左へ直線で伸びる線は戦争末期に廃止された恵比寿線、古川沿いに走って右上の一ノ橋方向に折れる路線は本巻に登場する戦後の㉞系統、途中の古川橋では品川駅前、五反田駅前、目黒駅前からの系統が合流して賑わっていた。この状況は昭和40年代半ばまで続いたが、現在は地下鉄のネットに代っている。

六本木・飯倉・神谷町付近（昭和5年）

帝国陸軍参謀本部陸地測量部発行「1/10,000地形図」

坂の多い街・麻布六本木から飯倉、狸穴、神谷町にかけて

東京で坂の多い区と言えば港区（旧芝区・麻布区・赤坂区）と文京区（旧小石川区・本郷区）に留めを差すが、とりわけ麻布の六本木から芝公園にかけての起伏は大きく、長らく市電（都電）が喘（あえ）ぎながら急坂に挑んでいた。図の左上が陸軍歩兵第一聯隊（現・東京ミッドタウン）、その下が六本木交差点。高台や斜面の高級住宅地を抜けて右に急坂を下ると、品川方面から坂を上ってきた路線と合流する地点が飯倉一丁目。増上寺用地（後に東京タワーが誕生）に沿って右上に進み、神谷町のＴ字路を右折すると浜松町一丁目。麻布の一帯も市電の王国だった。

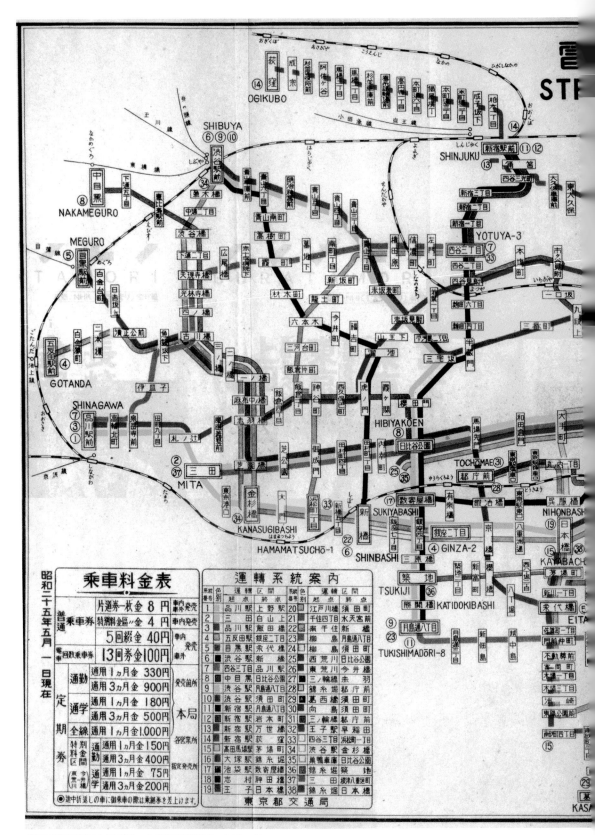

戦後の復興がひとまず終った時期の都電ネットワーク
戦後の欠乏と混乱からひとまず立ち直ったのが1950（昭和25）年。都電の路線網も車両事情もほぼ回復していた。昭和40年
代の都電廃止期と比べてみると、渋谷駅前はハチ公の横が起終点、新宿駅前は靖国通りに移転後で、⑬系統はまだ新宿通り

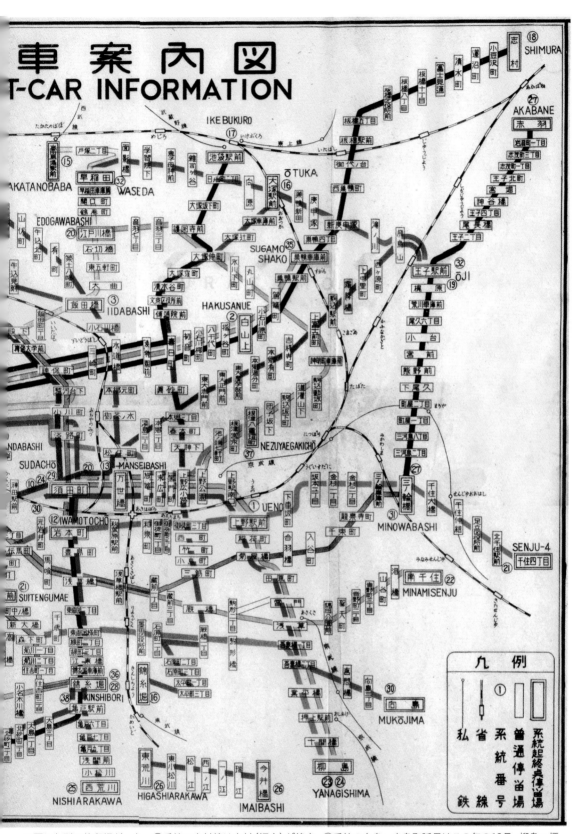

電車案内図
T-CAR INFORMATION

に面した別の停留場だった。⑱系統の志村線は志村（坂上）が終点、㉚系統の向島～寺島町延長はこの年の12月、柳島～福神橋延長は1958年まで待つことに。離れ小島の㉖系統（東荒川～今井橋）が健在で、最後の奉仕を続けていた。系統数は㊳系統（錦糸堀～日本橋）が最後で、ほぼ出そろっていた。路線の部分延長や廃止はこの図より以降に生じてくる。

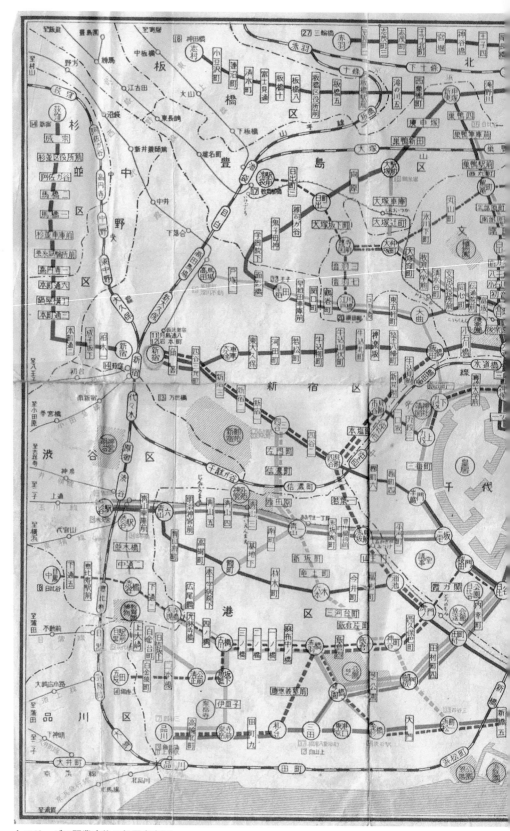

トロリーバス開業直後の都電案内図
この図の制作年は記載が無いので、図から読み取っていくとほぼ年度を推定することが出来る。山の手方面
では1953年の新宿駅前への系統集中化以外に動きは見られないが、右下の㉖系統の今井橋からトロリーバ

スの路線が亀戸経由で上野公園まで開通しているのが目につく。トロリーバスは1952（昭和27）年5月の開通で、同時に㉖
系統の都電は廃止になった。都電の系統数も㊵系統に増えており、このあと1955（昭和30）年に㊶系統（志村橋〜巣鴨車庫前）
が開通して都電のネットは完成する。以上からこの図は1953年度の制作と推定できるようだ。

都電が走った街の今昔

現在の写真撮影：斎藤智子（編集部）

1972年

葛西橋

現在

34頁参照

1972年

東砂四丁目

現在

54〜55頁参照

1971年

水神森〜堅川通

現在

42頁参照

1969年

錦糸堀

現在

45頁参照

1972年

両国橋

現在

49頁参照

1971年

浅草橋

現在

51頁参照

1969年

東神田

現在

52〜53頁参照

1969年

言問橋

現在

62頁参照

上野駅前

66〜67頁参照

上野公園

69頁参照

須田町

71頁参照

三ノ輪車庫前

80〜81頁参照

小伝馬町

1962年

現在

82 〜 83頁参照

浅草橋

1968年

現在

82頁参照

東京駅丸の内南口前

1968年

現在

90頁参照

東京駅丸の内北口前

1958年

現在

86 〜 87頁参照

1972年

王子駅前

現在

96〜97頁参照

1972年

王子駅前〜飛鳥山

現在

100〜101頁参照

1972年

学習院下

現在

110〜111頁参照

1972年

面影橋

現在

111頁参照

信濃町駅前

1969年

120 〜 121頁参照

現在

北青山一丁目付近

1969年

124 〜 125頁参照

現在

六本木

1969年

128 〜 129頁参照

現在

飯倉片町

1969年

132頁参照

現在

1957年

渋谷駅前

現在

146 〜 147頁参照

1960年

一ノ橋

現在

168 〜 169頁参照

1968年

天現寺橋

現在

160 〜 161頁参照

1969年

芝園橋

現在

172 〜 173頁参照

29系統（葛西橋〜須田町）

【担当：錦糸堀電車営業所　営業キロ数：葛西橋〜須田町間9.6km　廃止：1972（昭和47）年11月12日】

　荒涼とした低湿地から戦時中に工業地帯に大発展した砂町地区の工具輸送のため、戦争末期の1944（昭和19）年5月に資材をかき集めて開通した葛西橋線（境川〜葛西橋1.3km）が母体で、当初は錦糸堀〜葛西橋間の運行だったが、戦後、須田町まで延長された。砂町・亀戸・錦糸町の商工業地区と両国・神田の商業地区を結ぶ京葉道路〜靖国通りの幹線系統に発展し、㉕系統（西荒川〜日比谷公園）の良き補佐役にもなっていた。通勤通学客の便をはかって境川〜東陽公園前〜門前仲町〜永代橋〜日本橋間に㉙の臨時系統が朝夕に運転されていたが、こちらも㊳系統（錦糸堀車庫前〜日本橋）の良き補佐役となっていた。使用車両は1500形が多く、江東方面の都電特有の雰囲気を見せる系統の1つだった。

停留場 1962（昭和37）年当時

葛西橋　北砂町七丁目　南砂町六丁目　北砂町四丁目　南砂町三丁目　境川　北砂町二丁目　北砂町一丁目　大島二丁目　大島三丁目　堅川通　水神森　亀戸駅前　錦糸堀　錦糸堀車庫前　江東橋　緑町三丁目　緑町二丁目　東両国緑町　東両国三丁目　東両国二丁目　両国　浅草橋　豊島町　岩本町　須田町

下町の都電、都バスには情緒があった
都電や都バスに乗務しておられた方々と話していると、「下町の都電や都バスには車内に限らず沿線も含めて情緒がありました」という言葉が聞かれたものだ。それは通勤通学、商用、買物など一見雑多に見える利用客が醸し出す気さくな雰囲気といったもので、電車通りの停留場もバス停も生活感の漂う生きのよい場所だった。都電の廃止後はそのような存在が消えて、地下鉄などにはそうした暮しの薫りの育ちにくい雰囲気がある。都電の時代にはせかせかした人の動きは今よりもはるかに少なかった。◎錦糸堀　1972（昭和47）年7月2日　撮影：安田就視

始発の葛西橋停留場で発車を待つ㉙系統の1500形
旧城東電気軌道洲崎線の境川から分岐して葛西橋に至る支線（葛西橋線1.3km）は、都営化後の戦争末期1944（昭和19）年5月5日に開業した。亀戸、砂町地区の軍需工場の工具輸送のための新線工事で、都内の休・廃止路線から資材をかき集めての突貫工事だった。当初は葛西橋～錦糸堀間の運転で、戦後、葛西橋～須田町、平日朝夕の臨時として葛西橋～東陽公園前～日本橋（どちらも㉙系統で統一）となった。写真のやや右奥に荒川放水路に架る木橋の旧葛西橋があったが、1963年に300m下流に新・葛西橋が竣工し、旧橋は撤去された。撤去後も都電の終点付近には商店街と釣り客対象の店が残り、都電廃止後の都バス停留場には「旧葛西橋」の名が今も残されている。◎葛西橋　1970（昭和45）年8月22日　撮影：荻原二郎

葛西橋停留場から旧葛西橋方向を見る
旧葛西橋（初代は長大な木橋だった）は突当りを右折してすぐの所にあった。橋の上からの釣りが人気で多くの釣り人が集まった。新しい葛西橋は1963（昭和38）年にこれより300m下流に建設され、写真の位置の都電と橋とは縁が切れたが、街には旧葛西橋時代の面影が残っていた。　◎葛西橋　1972（昭和47）年11月10日　撮影：矢崎康雄

北砂四丁目停留場に停まる㉙系統の1500形
㉙系統は錦糸堀営業所境川派出所の担当で、1500形のほか6000、7000、8000形が使用されていた。小型の1200形を車体延長して中型化した1500形が主力で、沿線風景とよくマッチしていた。
◎北砂四丁目（旧・北砂町四丁目）　1970（昭和45）年8月22日　撮影：荻原二郎

北砂四丁目から葛西橋方向を振り返る
葛西橋〜境川間の清洲橋通りは関東大震災後の復興道路の1つで、開通時から道幅は広く、いつでも電車通りにできるように整備されていた。旧城東電軌の支線のようにも見立てられるが、砂町地区は東京市と同社との競願地区となり、城東電軌の市営化後、東京都が開業したものである。沿線は長らく中低層建築の街並みが広がっていた。
◎北砂四丁目（旧・北砂町四丁目）　1970（昭和45）年8月22日　撮影：荻原二郎

南砂町二丁目（後の南砂五丁目）から葛西橋に向う㉙系統の1500形
明治通りの境川から左折して清洲橋通りに１停留場進んだ地点である。高度成長期のただ中だったが戦後の建屋が並び、中高層ビルの姿は無かった。小型高床車の1200形を中型低床車の1500形に車体延長する工事は1961（昭和36）年度から46両に施

工され、錦糸堀車庫（境川派出所を含む）に配置されて、主に㉕系統（西荒川〜日比谷公園）、㉙系統（葛西橋〜須田町）、㊳系統（錦糸堀車庫前〜日本橋）で運用された。下町の顔として都内線末期まで親しまれた。
◎南砂町二丁目（後の南砂五丁目）　1966（昭和41）年3月21日　撮影：日暮昭彦

清洲橋通り
江東区南砂5丁目

南砂五丁目（旧・南砂町二丁目）の歩道橋下を行く㉙系統の6000形

清洲橋通りの境川〜葛西橋間は㉙系統の発祥の地。戦争末期の1944（昭和19）年5月、資材不足の中で境川〜南砂町六丁目（後の北砂七丁目）〜葛西橋間1.3kmが複線で開業、上記3停留場が開設された（戦後6停留場に増える）。沿線は昭和初期から低湿

の荒蕪地に製造工場が急増し、工具輸送のために急遽都電の支線が建設されたもの。当初は葛西橋〜錦糸堀間の運転系統だっ
たが、戦後、葛西橋〜須田町（臨時系統は葛西橋〜東陽公園〜門前仲町〜日本橋）の運行となって下町の重要路線に成長した。
◎南砂五丁目　1970（昭和45）年8月22日　撮影：荻原二郎

境川で明治通りに出る㉙系統須田町行きの6000形
葛西橋から直進してきた㉙系統は境川で明治通り
（環状5号線）との交差点に出て右折、水神森、錦糸
堀、両国、須田町方面に向う。一方、同じ㉙系統な
がら東陽公園前、門前仲町、日本橋に向う平日朝夕
の臨時系統は、この交差点を左折して永代通りに
向っていた。本来の㉙系統はここから錦糸堀まで
㊳系統（錦糸堀〜日本橋）と線路を共用する。
◎境川
1970（昭和45）年11月23日
撮影：荻原二郎

大島（おおじま）一丁目〜水神森間の専用軌道区間を進む㉙系統葛西橋行きの6000形
明治通りを北進する㉙系統と㊳系統は、大島一丁目（旧・小名木川）から専用軌道に入り、密集住宅と町工場の間をカタン、カ
タンと軽快に進んでいた。城東電軌による開業時には人家も稀な広大な低湿原野を専用軌道で複線の線路を通した名残だが、
沿線は急速に工業地帯に発展して、電車は周辺の民家や工場に圧（お）される形で運行を続けていた。
◎大島一丁目　1970（昭和45）年8月22日　撮影：荻原二郎

40

堅川通（たてかわどおり）で太鼓橋状の専用橋を渡る㉙系統葛西橋行きの6000形
専用軌道は大島三丁目〜水神森間で堅川に架る専用橋を渡る。1920（大正9）年の開通時にはまだ堅川の舟運もあったので太鼓橋状の鉄橋となったものだが、地盤沈下が進んで橋の両端部が下がってきたため、ひときわ"太鼓橋"が目立つようになっていた。それが都電ファンや撮り鉄の人気を呼び、カメラに見つめられるシーンが廃止まで続いた。1972年の都電廃止後は大島一丁目〜水神森間の専用軌道区間が遊歩道に整備され、専用橋は人道橋に生れ変った。但し、頭上には首都高速7号小松川線の高架が通ったため、視界は狭くなっている。◎堅川通　1970（昭和45）年11月23日　撮影：荻原二郎

堅川通〜水神森間の専用軌道区間を快走する㉙系統葛西橋行きの7000形
開業時には文字通り低湿の原野を行く専用軌道だったが、大正末期から昭和初期にかけての急激な工場、宅地化により、線路の両側は工場、商店、住宅が密集する風景に変った。さらに高度成長の末期以降は再開発が進み、工場の移転と高層・大型の集合住宅建設が進んだ。写真正面奥は威容を誇る大島四丁目団地。都電の方も専用軌道の両側は必要に応じて舗装が進み、生活道路として活用された。◎堅川通〜水神森　1971（昭和46）年5月15日　撮影：田尻弘行

水神森で京葉道路に顔を出した㉙系統錦糸堀車庫前行きの7000形
大島一丁目から専用軌道を走ってきた㉙系統と㊳系統は、水神森で京葉道路（国道14号。都内は墨田区両国一丁目〜江戸川区篠崎一丁目）に顔を出し、㉕系統（西荒川〜日比谷公園）と共に亀戸駅前、錦糸堀方面に向かう。水神森停留場は総武線亀戸駅にも近く、国電、東武亀戸線への乗換え客も多かった。背後のビルは第二精工舎（現・セイコーインスツル）の本社工場。屋上に「SEIKOの時計・時計はセイコー」のネオンが見える。同社は1993（平成5）年に千葉市幕張に移転し、跡地はショッピングセンターの「サン・ストリート」となっていたが、現在は野村不動産による「プラウドタワー亀戸クロス」「カメイドクロック」になっている。都電の専用軌道廃線跡が遊歩道の「亀戸緑道公園」である。◎水神森　1972（昭和47）年9月17日　撮影：小川峯生

水神森で京葉道路に出てきた㉙系統錦糸堀車庫前行きの1500形
専用軌道を走ってきた㉙（葛西橋〜須田町）、㊳（錦糸堀〜日本橋）は、水神森停留所で京葉道路に出て㉕（西荒川〜日比谷公園）と共に亀戸駅前、錦糸堀方面に向かう。背後のビルは第二精工舎の本社工場で、後に千葉市幕張に移転し、跡地はショッピングセンターの「サン・ストリート」となっていた（現在は「プラウドタワー亀戸クロス」「カメイドクロック」になっている）。
◎水神森　1970（昭和45）年11月23日　撮影：荻原二郎

交通量の多い亀戸駅前を進む㉙系統運転最終日の6000形

都電小松川線（錦糸堀～西荒川間）ほか下町の路線最終日の模様である。亀戸駅前は京葉道路と明治通りとの交点だけに交通量が多く、都電にとってはクルマとの格闘を強いられる区間だった。ここでも「クルマ優先の時代」、「高度成長期の歩道橋激増期」の表情がうかがえる。その後低迷期に入って歩道橋はほとんどが姿を消したが、都内では飯田橋駅前と亀戸駅前に大規模な歩道橋が今も見られる。◎亀戸駅前　1972（昭和47）年11月11日　撮影：荻原二郎

錦糸町交差点から西方向（錦糸堀車庫前、江東橋、両国方面）を望む

四ツ目通りと京葉道路が交わる錦糸町駅南口前の交差点から京葉道路の錦糸堀車庫前、江東橋、両国方面を見たもので、電車は㉙系統葛西橋行きの1500形。一帯は繁華街。クルマの往来も激しく、右手のすぐ奥に都電の錦糸堀車庫があった。左下の分岐線は、四ツ目通りの「錦糸町駅前」停留場に発着する㉘系統（錦糸町駅前～都庁前）、㊱系統（錦糸町駅前～築地）の車両が駅前と錦糸堀車庫間で出入庫する際に使用されていた。◎錦糸堀　1969（昭和44）年2月2日　撮影：荻原二郎

江東橋停留場から両国、浅草橋方面を望む
錦糸町交差点近くから続いていたセンターリザベーション区間は、江東橋停留場で終りを告げる。写真奥の盛り上がっている箇所が大横川に架る江東橋だが、その後大横川は北十間川の業平橋分岐点から江東橋南側付近までが廃川となり、遊歩道と細流の「大横川親水公園」に変った。江東橋停留場から両国、浅草橋、須田町方面へはクルマ洪水の中を電車は進む。しかし京葉道路・靖国通りの道路幅は広く、時間帯や曜日によっては都電もかなりの駿足ぶりを見せていた。
◎江東橋　1970（昭和45）年12月16日　撮影：荻原二郎

西の江東橋側から望む国電の錦糸町駅前と都電の錦糸堀停留場方面
国鉄総武線と京葉道路の都電路線は亀戸駅前～両国間で付かず離れずで並行しているが、錦糸町では総武線が「錦糸町」駅、都電が「錦糸堀」停留場と名称が異なっていた。写真は京葉道路の錦糸堀～錦糸堀車庫前間の光景で、錦糸堀～江東橋間の都電線路はセンターリザベーション構造となっていた。左奥が錦糸町駅と東京楽天地（旧・江東楽天地）、中央奥の歩道橋が京葉道路と四ツ目通りの交差点。都電の錦糸堀停留場があり、5本の系統が集まる江東地区都電のメッカだった。
◎錦糸堀　1972（昭和47）年9月17日　撮影：小川峯生

下町地区の都電が消えた日の錦糸堀（錦糸町駅前）の表情
都電の計画的な廃止は1967（昭和42）年12月10日を皮切りに、惜しくも順調に進み、歯が欠けるように系統と営業所が消えていった。代替の高速鉄道、地下鉄に恵まれない隅田川以東の下町地区は最後まで都電が健在だったが、ついに1972（昭和47）年11月12日付けで最後の砦となっていた柳島、錦糸堀の2営業所と㉓系統（福神橋〜月島）、㉔系統（福神橋〜須田町）、㉘系統

（錦糸町駅前〜都庁前）、㉙系統（葛西橋〜須田町）、㊳系統（錦糸堀車庫前〜日本橋）が廃止となり、都内から都電は姿を消した（残された㉗㉜系統は荒川線となる）。写真は最終運転日の1972年11月11日の錦糸町駅前の模様である。
◎錦糸堀　1972（昭和47）年11月11日　撮影：荻原二郎

牛嶋神社の祭礼で賑わう緑一丁目（旧・東両国緑町）の交差点で行き交う㉙系統の7000形と8000形

向島の牛嶋神社は、隅田公園に社殿があり、向島、業平、吾妻橋、石原、両国など50町会を氏子に持つ本所（現・墨田区）の総鎮守である。9月17、18日が祭日で、各町内に神輿が出て賑わう。写真は京葉道路と清澄通りとの交差点で、奥が江東橋・錦糸堀方面。◎緑一丁目　1972（昭和47）年9月17日　撮影：小川峯生

緑三丁目（旧・緑町三丁目）、次第に両国の街並みに

錦糸堀〜両国間は旧・緑町の街並みが続く。右手奥1kmほど北には総武本線の高架が並行しており、複々線化以前には錦糸町〜両国間が我が国初の鉄橋式高架線（1904年竣工、関東大震災後は1939年竣工の2代目）だった区間で、1972年の鉄筋高架による複々線化完成まで電車の轟音（ごうおん）が響いていた。京葉道路の沿線は商工業地区で、次第に両国の繁華街に近づいてゆき、相撲部屋の数も増してくる。◎緑三丁目　1970（昭和45）年12月16日　撮影：荻原二郎

両国二丁目（旧・東両国二丁目）、旧国技館の前を行く㉙系統の6000形
右手のビルが旧国技館。1909（明治42）年に、江戸大火の犠牲者を追悼した回向院（えこういん）の隣接地（江戸時代から見世物や相撲興行が行われていた）に建設されたが、1917年に回向院と共に火災で焼失、ドーム屋根で再建後の1923（大正12）に関東大震災で焼失、1924年に再開した。1945年には戦災で焼失、戦後はGHQに接収され、「メモリアルホール」と改称された。プロボクシング・プロレスやイベント等に使われたが、1952（昭和27）年に返還され、1958年に日本大学の講堂となった。写真は日大講堂時代の撮影で、当時もプロスポーツ、イベントに使用されていた。老朽化のため1984年に解体され、現在は跡地に複合ビルの「両国シティコア」が建っている。なお、大相撲は接収中に蔵前の仮国技館に移動していたが、1985（昭和60）年に現・国技館が旧両国貨物駅跡に完成してそちらに戻っている。◎東両国二丁目　1970（昭和45）年9月21日　撮影：荻原二郎

見晴しが良かった頃の両国橋を渡る㉙系統葛西橋行きの1500形
首都高速6号向島線が工事中の頃の撮影で、まだ視界はさほど遮られていない。橋向うにも高い建造物が無く、見晴らしは上々であった。左が蔵前・浅草方面、右が永代橋・月島方面。
◎両国橋　1967（昭和42）年10月29日　撮影：荻原二郎

東神田（旧・豊島町）停留場に到着する㉙系統葛西橋行きの6000形

浅草橋とこれから進む岩本町の間が繊維関係の問屋やオフィスが集まる東神田。都電の停留場は清洲橋通りと交差する東神田（旧・豊島町）１ヵ所で、この一帯が東神田の中心となっている。低層ビルの街だったが、現在は企業の高層ビルが連なっている。交差する清洲橋通り（入谷〜浜町中ノ橋）には都電未成路線の境界縁石が入っていたが、電車はついに走らなかった。
◎東神田　1970（昭和45）年５月16日　撮影：荻原二郎

両国橋を渡り、相撲の街・両国を東進して葛西橋に向う㉙系統の6000形
㉙系統は両国橋で隅田川を渡り、京葉道路を錦糸町方面に進む。両側には相撲にちなんだ衣料店、土産物店、飲食店、居酒屋が密集して賑わいを見せる。右奥には旧国技館（撮影時には日本大学講堂）のドーム屋根も見えるが、当時の大相撲は蔵前の仮設国技館で開催されていた。
◎1972（昭和47）年11月11日
撮影：矢崎康雄

江戸通りと交わる浅草橋の交差点を越えて須田町に向う㉙系統の6000形
直進道路が京葉道路の末端部で、交差点を越えると靖国通りとなる。横断しているのは江戸通り（国道6号、水戸街道）で、都電は㉒系統（南千住〜新橋）と㉛系統（三ノ輪橋〜都庁前）と交差する。左手は浅草橋駅・浅草雷門方面、右手は馬喰町・横山町方面で、衣料品問屋街を通って日本橋室町方面に向っていた。写真左下の江戸通りへの渡り線（連絡用の線路）は、⑩系統（渋谷駅前〜須田町）、⑫系統（新宿駅前〜両国駅前）の臨時系統が浅草雷門に向うときに使用していたもの。
◎浅草橋　1971（昭和46）年7月27日　撮影：荻原二郎

東神田から展望する靖国通りの都電風景
奥が浅草橋、両国方面で、旧国技館のドーム屋根が見える。沿道は企業オフィスが多く、右手奥は馬喰町、横山町の繊維問屋街につながっている。広い道路幅は関東大震災の復興時に拡幅されたもので、両国橋を越えて京葉道路の錦糸町まで広い道が続

いていた。都電にとってもメインルートの１つで、多数の系統が往来していたが、斜陽化と共に系統数が減り、寂しくなっていった。◎東神田　1969（昭和44）年10月24日　撮影：荻原二郎

浅草橋停留場付近を葛西橋に向う㉙系統の1300形
昭和30年代末の浅草橋付近はビルも少なく、見通しがきいた。1300形は小型車⇒中型車への車体延長の試験車で、1000形からの改造が1301号車、1100形からの改造が1302号車となっていた。これが成功したので、1200形⇒1500形の改造が46両にも及んだ。1300形は稀少形式のため街なかで見かける機会はほとんど無かった。
◎浅草橋　1962（昭和37）年 5 月11日　撮影者不詳

東砂四丁目（旧・北砂町七丁目）で
仙台堀川を渡る
㉙系統須田町行きの7000形

葛西橋から1つ目の東砂四丁目停留場の
目前で渡る運河が仙台堀川。砂町地区を
南北に流れる区間は小名木川と横十間川
を結んでいた区間で、舟運の役目を終え
た後は貯木場代りに使われていた。都電
廃止後の1980（昭和55）年に埋立てられ、
「仙台堀川公園（区民の森）」の一部に生れ
変った。現在この地区には企業やマンショ
ンの高層ビルが林立している。
◎東砂四丁目
1972（昭和47）年11月10日
撮影：矢崎康雄

広々とした岩本町交差点を渡る㉙系葛西橋行きの1500形

岩本町は靖国通りの交通の要衝の1つで、撮影時の岩本町交差点の都電は靖国通りの⑫（新宿駅前～両国駅前）、㉕（西荒川～日
比谷公園）、㉙（葛西橋～須田町）と、昭和通りから分岐した水天宮通りの⑬（新宿駅前～水天宮前）、㉑（千住四丁目～水天宮前）
が交差していた。交差点から小伝馬町、横山町にかけては繊維関係の問屋街で、当時は中層のビルが密集していた。右奥に⑬（ま
たは㉑）系統の都電の姿と、総武線の高架が小さく見える。都電廃止後は都営新宿線の岩本町駅と、JR・東京メトロ日比谷線・
つくばエクスプレスの秋葉原駅が最寄り駅となっている。◎岩本町　1968（昭和43）年2月11日　撮影：荻原二郎

終着の須田町に到着した㉙系統の1500形
背景のガードは中央線、その奥に山手・京浜東北・東京上野回送線のガードがある。手前側が須田町交差点で靖国通りの⑩（渋谷駅前〜須田町）、⑫（新宿駅前〜両国駅前）、㉕（西荒川〜日比谷公園）、㉙（葛西橋〜須田町）と、中央通りの①（品川駅前〜上野駅前）、⑲（王子駅前〜通三丁目）、⑳（江戸川橋〜須田町）、㉔（福神橋〜須田町）、㉚（寺島町二丁目〜須田町）、㊵（神明町車庫前〜銀座七丁目）が交差し、または折返してゆく都電のメッカで、乗降客と乗換え客で賑わっていた。
◎須田町　1969（昭和44）年4月24日　撮影：荻原二郎

須田町交差点、靖国通りの淡路町方で折返す㉙系統葛西橋行きの1500形
㉙系統は須田町の交差点を越えた地点の停留場付近で折返し、葛西橋方面に戻っていた。沿道には戦災を免れた須田町の衣料品問屋と銀行が並び、撮影当時は戦前の面影と戦後の改装、改築、新築ビルが入混じっていたが、一歩横丁に入ると大正末期、昭和初期の飲食店や家内工業の店舗が密集していた。◎須田町　1970（昭和45）年5月16日　撮影：荻原二郎

靖国通りの須田町停留場に入線の㉙系統葛西橋行きの1500形（右）と、すれ違った⑩系統渋谷駅前行きの6000形（左）

須田町交差点の西側（淡路町方向）に両国・錦糸堀方面への停留場があり、㉙系統はここで折返していた。沿道は戦災を免れた低層ビルと看板建築の繊維問屋、衣料品問屋が並び、銀行が増えつつあったが、全体の印象は戦争前の東京の市街地の姿を留めていた。停留場の安全地帯が長いのは靖国通りと中央通り間の多数の系統相互の乗換え客が多かったのと、地元神田への通勤客、商用客が多かったためだが、1967年12月に中央通りの都電が廃止・短縮されると靖国通りの利用客も減少し、停留場の安全地帯も短縮された。◎須田町　1968（昭和43）年8月24日　撮影：小川峯生

中央通りの都電が消えて、寂しくなった靖国通りの須田町停留場で折返す㉙系統葛西橋行きの7000形

都電のメッカだった須田町交差点も、中央通りの都電が消え、靖国通りに乗入れてくる各系統も歯が欠けるように順次姿を見せなくなって、何の変哲もない交差点に変っていった。最後まで残っていた㉕（西荒川〜須田町に短縮）と㉙（葛西橋〜須田町）も1972（昭和47）年11月12日に廃止となって、須田町からは完全に都電の姿が消えた。写真はポイントで逆方向に折返す最末期の須田町停留場の姿。左手の長大だった安全地帯が短縮された跡が痛々しかった。
◎須田町　1972（昭和47）年　撮影：小川峯生

須田町停留場で発車を待つ㉙系統葛西橋行きの1300形

戦災に遭わなかった淡路町から須田町にかけての街並みは戦争前の風景そのものだった。洋装生地の問屋が大半を占め、服の販売店がそれに次いでいた。企業も多かったので人の集まる街で、裏通りには飲食店、居酒屋が多く、江戸期以来の暖簾を守る老舗も見られた。都電の系統が集まるメッカだったが、1956（昭和31）年まで続いた緑／黄の旧塗色がこの街にも似合っていたようで、青緑／クリームを経てクリーム／えんじ帯の新塗色になった頃から急速に斜陽化が進んだように見えた。沿線の建物も改築や中層のビル化が進んでいった。◎須田町　1956（昭和31）年9月23日　撮影：小川峯生

30系統（寺島町二丁目〜須田町）

【担当：柳島電車営業所　営業キロ数：寺島町二丁目〜須田町間6.8km　廃止：1969（昭和44）年10月26日】

この系統は伝統のある㉔系統（柳島〔後に福神橋〕〜須田町）の姉妹路線に当る系統で、そのほとんどの区間で線路を共用し、墨東地区と浅草、上野、都電が集まる神田須田町を結んでいた。起点の寺島町二丁目は東武伊勢崎線の玉ノ井（現・東向島）駅至近の地で、旧・向島終点から1950（昭和25）年に延長されたものだった。沿線は商業・住宅地で、戦前戦中には寺島町北側の玉ノ井の私娼街が知られていた。戦災後はおおむね商業・住宅地で、㉚系統は生活路線の1つとなっていた。本所吾妻橋（旧・吾妻橋二丁目）で浅草通りの㉔系統と合流し、共に浅草雷門・上野駅前・上野広小路・万世橋と進んで都電のメッカ須田町に達していた。下町の重要生活路線の1つで、㉔系統と共に常に活気に満ちていた。

停留場 1962（昭和37）年当時 ....

寺島町二丁目 — 寺島町一丁目 — 向島須崎町 — 向島三丁目 — 言問橋 — 本所吾妻橋 — 浅草 — 雷門 — 田原町 — 菊屋橋 — 清島町 — 稲荷町 — 上野駅前 — 上野公園前 — 上野南口 — 上野広小路 — 黒門町 — 末広町 — 旅籠町 — 万世橋 — 須田町

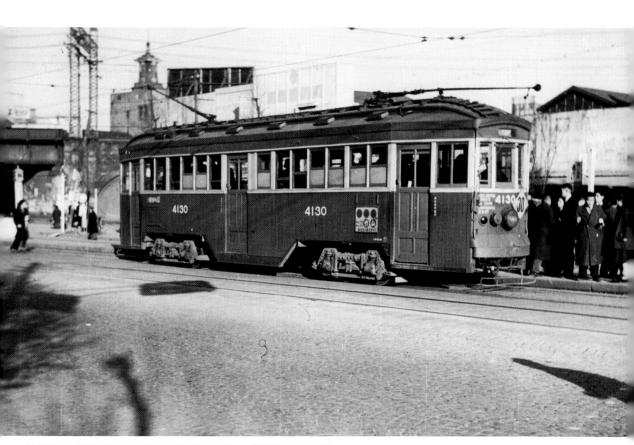

都内線の木造車最後の頃の須田町停留場に到着した㉚系統の旧4100形
関東大震災後の東京市電には木造3000形610両、木造3扉の4000形50両、同4100形50両、同4200形80両、木造4輪単車400形200両が投入され、復興に貢献した。このうち4000番代の180両は、戦災廃車を差し引いた計117両が鋼体化されて6000形と同一車体の新4000形になったが、非戦災車はその続番として8両が残っていた。これらは1952（昭和27）年までに鋼製3000形、杉並線の鋼製2000形などに順次改造された。写真の4130号車は原番号時代のもので、このあと4121に改番後、1952年に鋼製3000形に改造された。◎須田町　1949（昭和24）年12月6日　撮影：井口悦男

夕闇せまる東向島三丁目（旧・寺島町二丁目）停留場における㉚系統の都電発着風景

㉚系統単独の路線はまず1931（昭和6）年3月に本所吾妻橋（旧・吾妻橋二丁目）〜向島五丁目（旧・向島洲崎町Ⅱ←向島）間が開通、戦後の1950（昭和25）年12月に向島五丁目（旧・向島洲崎町）〜東向島三丁目（旧・寺島町二丁目）間が延長開通した。途中の言問橋以北は国道6号（水戸街道）上を走っている。写真は明治通りとの交差点から南方向を見たもので、背後は東武鉄道の東向島駅（旧・玉ノ井駅）が近い。昭和初期にはその少し北で交差する京成電気軌道（現・京成電鉄）白髭支線（京成押上線向島〜白髭）の京成玉ノ井駅もあったが、1936（昭和11）年に京成は路線を廃止している。東武・京成の玉ノ井のさらに北側に

広がる水田跡の低湿地には、大正期後半から昭和戦前にかけてバラックの密集家屋と路地が入組んだ玉ノ井の私娼街が賑わいを見せていた。永井荷風の小説「濹東綺譚」、随筆「寺じまの記」、日記「断腸亭日乗」、滝田ゆうの漫画「寺島町奇譚」にこの世界が詳述されている。ここへの遊客は浅草からの東武電車、市営バス、京成バス、円タクが主流で、市電（都電）は写真の位置まで達していなかったので利用度は低かった。戦災で玉ノ井は消滅し、現在の東向島は住宅・商業地となって戦前の面影は無い。
◎東向島三丁目　1969（昭和44）年10月4日　撮影：荻原二郎

言問橋（こといばし）の交差点を越えて須田町に向う㉚系統の8000形

言問橋は隅田川に架る名橋のひとつ。国道6号（水戸街道）はここで右折して言問橋を渡り、江戸通りとなる。㉚系統はそのまま三ツ目通りに直進する。言問橋の交差点ではトロリーバス101系統（上野公園〜今井）と交差していたが、1968（昭和43）年9月に都電より先に廃止となった。近くにはかつて市電の東武鉄道浅草駅引込線（業平橋〜浅草駅前〔後の業平橋駅前〕）間0.2km、1924〜1931年）があって、駅前の終点からはさらに言問橋を渡り、千束町（後の西浅草三丁目）を経て鶯谷駅前に至る言問通りの路上には予定線の境界縁石が入っていたが、市電（都電）の建設は実現せず、トロリーバス101系統がこの区間の大半を走った。◎言問橋　1968（昭和43）年9月8日　撮影：荻原二郎

言問橋東交差点から北方向を見る

東向島三丁目（旧・寺島町二丁目）から国道6号（水戸街道）を南下してきた㉚系統の都電は、ここで6号線と別れ、都道の三ツ目通りに直進する。写真の後背が交差点で、ここでは言問橋を渡り言問通りに進むトロリーバス101系統、および業平橋の旧東武浅草駅前から言問通りの鶯谷駅前まで延びる市電（都電）の未成路線の境界縁石が交差していた。右折した6号線をやや進むと右手の隅田公園に本所の総鎮守・牛嶋神社がある。◎言問橋　1969（昭和44）年10月4日　撮影：荻原二郎

言問橋から浅草通りに向う㉚系統須田町行きの6000形
三ツ目通りの商店と住宅、町工場が混在する風景の中を少し進むと浅草通りに出る。都電の時代には観光とは無縁の街だったが、現在はスカイツリーの足元となり、少しずつ見どころも増えて、街並みとタワーの組合せ写真を狙って足を延ばす観光客の姿も見るようになっている。◎言問橋〜本所吾妻橋（旧・吾妻橋二丁目）　1969（昭和44）年10月4日　撮影：荻原二郎

浅草通りから三ツ目通りに曲り、言問橋、東向島三丁目（旧・寺島町二丁目）方面に向う㉚系統の6000形
浅草通りの旧吾妻橋二丁目停留場の廃止後なので、本所吾妻橋となった交差点を左折して東向島三丁目（旧・寺島町二丁目）に向うところ。都営浅草線の本所吾妻橋駅の入口が見える。正面奥が吾妻橋方面。
◎本所吾妻橋　1969（昭和44）年10月4日　撮影：荻原二郎

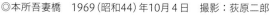

都営浅草線建設工事中の本所吾妻橋東詰付近を須田町に向う㉚系統の4000形

都営浅草線（西馬込～押上、18.3km）の建設は1958（昭和33）年8月に押上方から着工し、隅田川を潜る大工事が行われた。写真は浅草通りの開削工事中の模様。都電は仮設軌道敷上を進み、一部区間は単線化しての工事風景となった。浅草通りの本所吾妻橋～吾妻橋東詰間は関東大震災後、戦時空襲の復興後も道路幅が狭く、都電の一部単線化もそのためだった。都営浅草線は1960（昭和35）年12月4日に押上～浅草橋間が部分開業し、京成電鉄との相互直通運転が開始された。1968（昭和43）年11月18日に西馬込まで全通して、現在は東京都・京成・京急・北総・芝山の5者相互直通運転を行っている。
◎本所吾妻橋付近　1959（昭和34）年12月8日　撮影：小川峯生

原型時代の東武鉄道浅草駅・松屋浅草店のビルを背景に吾妻橋を渡る㉚系統向島行きの4000形

木造の旧4000、4100、4200形を6000形と同型の鋼製車体に改造した新4000形がまだ製造後間もなかった頃の姿。緑・黄の塗色、窓枠のニス塗り、ポール集電は当時の標準だが、前面窓下のGHQの命による〈PASS STOPPED TROLIES AT 5 MPH　停車中追越時速8粁以下〉の注意書きが占領下の姿を伝えている。東武ビル2階のアーチ窓部分が東武鉄道浅草駅。屋上の松屋の遊戯施設はまだ小規模だったが、この年度から翌年の日本独立にかけて、都内の各デパートの屋上は戦前の賑わいを取戻していく。屋上からは浅草一帯、墨東方面、遠く筑波山および房総の空を望むことが出来た。
◎本所吾妻橋　1961（昭和26）年1月28日　撮影：荻原二郎

上野一丁目（旧・黒門町）から上野広小路方面を望む

中央通りの上野公園から須田町までの間は、明治以後に整備された旧「御成街道」で、将軍が寛永寺に参詣する時の道筋であった。この区間の都電の停留場は《上野広小路・黒門町（後の上野一丁目）・末広町（後の外神田五丁目）・旅籠町（後の外神田三丁目）・万世橋・須田町》と由緒ある名称が並んでいたが、昭和40年代の町名改正で味気ないものに変えられていた。上野広小路を過ぎると次第に商工業地、奥は住宅という地域に入り、神田の商業街・オフィス街に進んで行く。
◎上野一丁目（旧・黒門町）　1969（昭和44）年6月28日　撮影：荻原二郎

高速道路下となった上野駅前停留場で行き交う㉚系統の6000形

都電の上野駅前停留場はヨーロッパ風の広々としたもので、国鉄、地下鉄上野駅に通じる地下道への入口階段付きの美しいものだった。が、昭和通りの頭上に建設された首都高速1号上野線の高架下になり、ターミナルらしい広壮な風景は消えた。右のビルは1931（昭和6）年竣工の東京地下鉄道の本社と地下鉄ストアの後身で、撮影時は営団地下鉄の本社だった。現在は改築されて東京地下鉄（東京メトロ）の本社ビルになっている。◎上野駅前　1969（昭和44）年7月26日　撮影：荻原二郎

上野駅前を東向島三丁目に向う㉚系統の8000形
30系統の檜舞台は浅草雷門前と上野駅前～上野広小路間。写真右手は上野駅のビルがあり、奥に山手・京浜東北・東京上野回送線の高架が見える。中央奥の丸みを帯びた京成聚楽ビルと国鉄高架線との間がアメヤ横丁である。上野駅に集まる都電のうち、㉑（千住四丁目～水天宮前）、㉔（福神橋～須田町）、㉚（東向島～須田町）が生活感の漂う生粋の下町生活路線だった。
◎上野駅前　1969（昭和44）年7月26日　撮影：荻原二郎

㉚系統運転最終日の上野駅前風景
須田町行きの6000形。あいにくの雨で寂しい光景となったが、名残を惜しむ乗客で満員の電車もあった。広壮だった都電の上
野駅前停留場も高速道路に頭上を抑えられ、面積も縮小していていただけに悲しい別れの日となった。
◎上野駅前　1969(昭和44)年10月25日　撮影：矢崎康雄

㉚系統、㉑系統の運転最終日、上野駅前の風景
都電の第3次-1の廃止計画に基づき、1969年10月26日付けで⑦⑰㉑㉚㉛㉞㉝の7つの系統が廃止となった。写真はその前日
の最終運転日となった上野駅前の模様で、左が㉚系統の須田町行き、右が㉑系統の三ノ輪橋行きのそれぞれ6000形による「別
れ装飾電車」。㉑系統の方はすでに路線短縮されていて、三ノ輪橋〜千住四丁目間は廃止されていた。
◎上野駅前　1969(昭和44)年10月25日　撮影：矢崎康雄

上野公園から上野広小路方面に進む㉚系統の須田町行きほかの6000形
中央通りの上野駅前〜上野公園〜上野広小路にかけてが㉚系統の檜舞台で、①（品川駅前〜上野駅前）、㉔（福神橋〜須田町）、
㉚（東向島三丁目〜須田町）の競演に加えて、上野公園からは⑳（江戸川橋〜須田町）、㊲（三田〜駒込千駄木町）、㊵（神明町車庫
前〜銀座七丁目）が合流し、上野広小路では⑯（大塚駅前〜錦糸町駅前）、㊴（早稲田〜厩橋）が交差するという都電でも指折り
の華やかな「電車みち」だった。正面奥が上野公園、左に京成上野駅（地下）があり、右のビル群の先端が京成聚楽ビル、ビル
群の裏手にアメヤ横丁が通っている。◎上野公園前　1969（昭和44）年6月28日　撮影：荻原二郎

外神田三丁目（旧・旅籠町）停留場に到着した㉚系統須田町行きの8000形
㊲系統（三田〜駒込千駄木町）との合流点だったが、同系統が先に廃止されていたため、撮影時には単なる通過点で活気が無かっ
た。もっとも㊲系統は本数が少なく、中央通りではあまり目立たない系統だった。秋葉原の電気街に近いため、この付近にも
電気店が増えつつあった。◎外神田三丁目（旧・旅籠町）　1969（昭和44）年6月28日　撮影：荻原二郎

中央通り末広町停留場を発車して東向島三丁目（旧・寺島町二丁目）に向う㉚系統の4000形
㉚系統は須田町始発。秋葉原駅に至近の万世橋から旅籠町、末広町、黒門町、上野広小路…と江戸期以来の由緒ある町名を縫っ
て進んでいたが、昭和40年代の居住表示の実施で万世橋〜外神田三丁目〜外神田五丁目〜上野一丁目〜上野広小路と味もそっ
けもない停留場名に変ってしまい、「末広町」の名は道路下を通る地下鉄銀座線の駅名に残るのみとなる。旧末広町は長らく
画面に見るような地味な商業地だったが、隣の秋葉原電気街の膨張で、現在は高層の電気街のビルが密集する街に変っている。
◎末広町（後の外神田五丁目）　1962（昭和37）年10月　撮影：竹中泰彦

終点の須田町に到着した㉚系統の6000形（前）と、他系統の8000形（後）
ガードは神田～御茶ノ水間の中央線。その奥がすぐ万世橋で、「肉の万世」のビルが見える。乗客が降り立った6000形の方向幕はすでに「東向島三丁目」の表示になっている。後続の8000形も空車なので、須田町終点の㉒または㉔系統のようだ。同じ低床車とはいえ、6000形の前期車と軽量の8000形との床面高さの違いは大きい。中央通り須田町着発の系統は、靖国通りとの交差点を渡った所で折返していた。◎須田町　撮影年月日不詳　撮影：小川峯生

㉓系統単独路線の清澄通り、
門前仲町交差点を通過する㉚臨時系統、
月島八丁目(後の月島)発→寺島町二丁目
(後の東向島三丁目)行きの6000形

㉚系統には朝夕の臨時系統として本所
吾妻橋から㉓系統(福神橋〜月島八丁目
〔後の月島〕)に乗入れて森下町・門前仲
町・新佃島を経て月島に至る臨時便を
運行していた。通勤通学、商用客への
便宜をはかったもので、須田町方面と
は"方向違い"であったが、重宝されてい
た。同様の臨時系統には㉙系統(葛西橋
〜須田町)の葛西橋〜東陽公園前〜門前
仲町〜日本橋間の臨時便や、⑳系統(江
戸川橋〜須田町)の須田町〜池袋駅前と
いう便もあった。画面は月島八丁目(当
時)発、寺島二丁目(同)行きの臨時系統。
門前仲町もまだ戦災復興後の姿を留め
ていた頃で、交差点内には戦中まで旧㉘
系統(亀戸〜日本橋)が使用していた連
絡線の跡が残っていた(後に撤去)。奥
が月島方面、右が永代橋・日本橋方面、
背後が森下町・本所吾妻橋方面である。
◎門前仲町
1962(昭和37)年5月8日
撮影：荻原二郎

路面電車の系統番号

どの国の路面電車も、利用しやすいように運転系統識別の数字や記号を付ける工夫を凝らしてきた。その多くは「1・2・3…」の数字方式か、「A・B・C…」の記号方式で、支線や区間系統には「1a・1b…」「3A・3B…」など、数字＋枝記号が使われてきた▼都電の場合は、車庫別に数字を割振って、その車庫担当の路線は全て「1」なら1に揃える方式でスタートした。これを解りやすく全盛期の三田車庫を「1」として戦後の系統に当てはめてみると、❶品川駅〜上野駅（実際も①系統）、❶三田〜曙町（実際は②系統）、❶品川駅〜飯田橋（実際は③系統）、❶品川駅〜四谷三丁目（実際は⑦系統）、❶三田〜駒込千駄木町（実際は㊲系統）となり、行先の異なる❶番の電車が各所を走っていたことになる▼これだと系統番号は運行管理用であまり意味がなく、利用客は行先の文字に頼るしかなかった。車庫別に付番するなら、A車庫が0番代の「1・2・3…」、B車庫が10番代の「11・12・13…」のように番代で区切ればすっきりする。この方式は名古屋市電が完成させて成功を収めた。都電の場合は三田車庫の受持ち系統を起点に山手線の駅を時計回りに進む方法が採用されて定着した。基本的には品川駅から①②③、五反田駅から④、目黒駅から⑤、渋谷駅から⑥⑨⑩、新宿駅から⑪⑫⑬⑭…という進め方で、戦後もこれがずっと維持された▼このうち⑦が品川駅発着系統、⑧が恵比寿駅通過系統という例外があり、さらに渋谷駅発着の系統数字が変則だったのは、系統版の⑥と⑨を共用する（上下を逆にして⑥⇒⑨として使う）ためだったと交通局におられた故・服部孝次郎氏から伺ったことがある。この倹約ぶり？を否定する文献やブログもあるが、"倹約説"が本当のようだ。他に池袋駅から⑰、大塚駅から⑯というのも若番の位置が逆だったが、その理由ははっきりしない▼この付番法は山手線各駅の立地関係から⑲（王子駅前〜駒込駅前〜通三丁目）で終ってし

まった。⑳以降は国鉄線から離れて山の手・下町の系統がかなり輻輳するうえに、戦後の新設系統が開業順にその後に続いて㊶系統にまで達した。系統番号は飛び離れた数字になっている方が利用客には識別しやすいのだが、新宿駅前・錦糸堀・須田町では隣接した数字や似通った数字の系統が集まっていて、紛らわしく見える時もあった▼系統表記には、かつての大阪市電や南海軌道線（現・阪堺電気軌道）のように「い・ろ・は…」の表示もあった。明治期には洋数字やローマ字に慣れない人、親しめない人も多かったので、これは妙案の1つとされたが、次第に世は洋数字の多用時代となり、大阪市電も戦時中に数字の系統に変った。いろは時代に大阪を訪れた人が「どうも"いろは"は判りにくい」「進行方向が掴みにくい」と語っていたのをよく耳にした▼現在、我が国の路面電車で系統番号を使用しているのは函館市、地鉄富山市内線、岡山電軌、広島電鉄、伊予鉄松山市内線、長崎電軌、熊本市、鹿児島市。このうち熊本市のみ「A・B」方式である。いずれも旧6大都市のような大規模ネットではないので、2〜6系統内がほとんどだが、今では最大規模の広島電鉄の8系統が最も多い▼全盛期の路面電車系統数の上位10社局を一瞥して結びとしたい。東京都41、大阪市31、名古屋市27、京都市20、仙台市・横浜市17、神戸市15、札幌市・函館市12、西鉄北九州線9となっていた。各都市の路面電車の規模が目に浮んでくるではないか。

◎早稲田　1960（昭和35）年7月6日　撮影：江本廣一

31系統（三ノ輪橋〜都庁前）

【担当：三ノ輪電車営業所　営業キロ数：三ノ輪橋〜都庁前間7.4km　廃止：1969（昭和44）年10月26日】

日光街道上の三ノ輪橋停留場（旧・王子電気軌道引継ぎの㉗系統〔三ノ輪橋〜赤羽。現・荒川線とは線路の接続なし）を起点とし、次の三ノ輪車庫前から国際通りに入って旧吉原遊郭跡周辺の三ノ輪・龍泉寺・千束などの町々、および大音寺、樋口一葉記念館、鷲（おおとり）神社などがある庶民的な下町の商業・住宅街を南下して、言問通りを越えると新堀通りを直進する。途中、合羽橋（かっぱばし）付近は調理用具の問屋街で、専門の職人、一般客で賑わう。浅草通りと交差する菊屋橋を経て蔵前で国際通りと再会し、共に江戸通りに合流して、衣料問屋街の馬喰町、小伝馬町を経て都心部の室町三丁目、丸の内一丁目、東京駅前、都庁前に達する系統で、下町と都心を結ぶ重要路線の1つだった。

停留場 1962（昭和37）年当時 ‥‥‥‥‥‥‥‥‥‥‥‥‥‥‥‥‥‥‥‥‥‥‥‥‥‥‥‥‥‥‥‥‥

三ノ輪橋 ― 三ノ輪車庫前 ― 竜泉寺町 ― 千束町 ― 入谷町 ― 合羽橋 ― 菊屋橋 ― 三筋町 ― 蔵前一丁目 ― 浅草橋駅前 ― 浅草橋 ― 馬喰町 ― 小伝馬町 ― 本町三丁目 ― 室町三丁目 ― 新常盤橋 ― 丸の内一丁目 ― 東京駅丸ノ内北口 ― 東京駅丸ノ内南口 ― 都庁前

狭隘なクランク区間だった千束町〜入谷町間を三ノ輪橋に向う㉛系統の3000形
三ノ輪車庫前から国際通りを南下する㉛系統は、沿線に龍泉寺、樋口一葉の住んだ龍泉寺町に一葉記念館、千束町に酉の市の鷲（おおとり）神社、その東の吉原遊郭跡など、豊かな歴史を織りなす街を通り抜けるが、千束一丁目（旧・千束町）で国際通りに別れを告げて細路に入る。ここからはクランク状に右折、左折して言問通りと交差する入谷二丁目（旧・入谷町）に出る。ここからは新堀通り（一部区間は「かっぱ橋道具街通り」を名乗る）を南進して蔵前、浅草橋方面に向う。旧入谷町には金竜小学校と都バスの新谷町車庫があったが、現在は小学校のみ、バスは千住車庫に統合された。
◎千束町〜入谷町　1969（昭和44）年10月20日　撮影：井口悦男

荒川線の三ノ輪橋ターミナル前、日光街道の路上にあった㉛系統の三ノ輪橋停留場、停車中の電車は東京駅前行きの3000形
荒川線（撮影当時は㉗系統、三ノ輪橋〜赤羽）の起点である旧王子電気軌道時代からの「王電ビル」は日光街道（国道4号線、奥羽街道と重複）に面していて、その奥から専用軌道で着発しているが、王電ビルの目の前が日光街道上の㉑系統（千住四丁目〜水天宮前）と㉛系統（三ノ輪橋〜都庁前）の停留場だった。写真は㉛系統の東京駅前（降車口、後の丸の内北口）行きの始発電車で、左へ進むと大関横丁・三ノ輪車庫前方面、右奥が千住大橋・千住四丁目（都電の方向幕では「北千住」）方面である。
◎三ノ輪橋　1967（昭和42）年11月5日　撮影：荻原二郎

日光街道上の三ノ輪橋停留場を三ノ輪車庫前に進む（入庫する）㉛系統の3000形
㉛系統は三ノ輪車庫の1つ先の三ノ輪橋が起終点で、線路のつながりは無いが、ここで旧王電線の㉗（三ノ輪橋〜赤羽。現・荒川線の一部）と連絡していた。隣の三ノ輪車庫前からの出庫、入庫車も多く、眺めていて楽しい区間だった。左のバスは都バスと相互乗入れをしていた東武鉄道の東京駅丸ノ内北口〜草加間の長距離路線バス。撮影時は末期の頃で利用客は減っていた。
◎三ノ輪橋　1968（昭和43）年2月23日　撮影：矢崎康雄

㉛系統廃止前日の三ノ輪車庫前
都電で賑わったこの界隈も、この日が最終運転日。明日から電車は通らなくなる。生活の一部となっていた下町の路線がまた
1つ消えていった。◎三ノ輪車庫前　1969（昭和44）年10月25日　撮影：矢崎康雄

㉛系統廃止前日の模様
都電の廃止計画に則って㉛系統は1969（昭和44）年10月26日付けで廃止になった。同日には6つの系統が姿を消し、都電は一
段と寂しさを増した。写真はその前日の運転最終日の表情で、6000形がお別れの装飾電車になって何往復も走っていた。
◎三ノ輪車庫前　1969（昭和44）年10月25日　撮影：矢崎康雄

三ノ輪車庫前から千束町までは国際通りを経由して東京駅前に向う㉛系統の3000形
始発の三ノ輪橋から常磐線のガードを潜り、大関横丁（明治通りとの交差点。善政と教育、著述に業績を残した下野国黒羽藩大関増業公の別邸があったことにちなむ）を越えると㉛系統と㉑系統（千住四丁目〜水天宮）を担当していた三ノ輪車庫前に着く。続いて写真の位置の昭和通り・国際通り・金杉通りの分岐点となっていた。画面の㉛系統の3000形は国際通りに左折するところ。撮影時には地下鉄日比谷線も開通していたので、画面左に地下鉄三ノ輪駅の入口が見える。都電の架線が続いている中

央奥が昭和通りで、すぐに金杉通りと分岐し、㉑系統の水天宮行きは金杉通りを上野駅方面に南進していた。国際通りに進んだ㉛系統は千束町で国際通りから別れ、新堀通りに折れて入谷町、合羽橋（かっぱばし）、蔵前方面へと進んでいた。千束町以南の国際通りには田原町付近を除いて予定線の境界縁石が入っていたが、線路が敷かれることはなかった。
◎三ノ輪車庫前　1969（昭和44）年10月20日　撮影：井口悦男

**三ノ輪車庫前の国際通りと
昭和通りの分岐点風景**

複雑な線路に見える１枚である。画面の
左が三ノ輪車庫前で㉑㉛系統用の停留場
がある。停車中の3000形電車の奥に延
びている道路が「国際通り」で、ここは
手前を左右に横切る日光街道が「昭和通
り」と愛称名を変えて右手に進む分岐点
となっている。正面の3000形電車は、利
便性のため国際通り上に設けられた㉛系
統専用の車庫前停留場に停車中。画面右
の斜めの線路は昭和通り側からの三ノ輪
車庫の出入庫線。車庫からは左右に２本
の出入庫線があって三角線を形成し、そこ
に㉑㉛系統用の正統な三ノ輪車庫前停留
場があった。
◎三ノ輪車庫前
1969（昭和44）年10月20日
撮影：井口悦男

三ノ輪車庫前の日光街道上の停留場に停車中の㉛系統東京駅行きの6000形

手前側に曲線を描いている線路は三ノ輪車庫から大関横丁方への出入庫線で、右が昭和通りと国際通りの分岐点。背景は戦災
を受けなかった三ノ輪の商店街。現在、この付近の道路下は東京メトロ日比谷線の三ノ輪駅になっている。㉛系統の行先が「東
京駅」となっているのは「東京駅丸の内北口」の省略で、1969（昭和44）年２月に東京駅丸の内北口〜東京駅丸の内南口〜都
庁前間が休止になってからは正式表示となっていた。背後のバスは富士急行の貸切車。
◎三ノ輪車庫前　1967（昭和42）年11月5日　撮影：荻原二郎

3000形の宝庫だった三ノ輪車庫の構内風景

日光街道から庫内に進むと建屋の前が台東区と荒川区の区境で、車庫の敷地と建屋は荒川区に属していた。昭和30年代前半（当時の最新形は8000形）の都電全盛期には車両の移動も少なく、各車庫は配置車両によって特色を出していた。三ノ輪車庫には中型の3000形が50両配置されて㉑㉛系統の顔となっていた。大塚の60両に次ぐ大所帯で、駒込の36両、早稲田の28両がそれに次いでいた。現在、車庫跡は都営東日暮里一丁目アパートの棟が並んでいる。

◎三ノ輪車庫　1969（昭和44）年10月20日　撮影：井口悦男

江戸通りの浅草橋停留場に停まる㉛系統三ノ輪橋行きの6000形

㉛系統は三ノ輪橋から旧吉原遊郭に隣接の龍泉寺町、千束町などを経て、入谷町、合羽橋（かっぱばし）、蔵前を通って浅草橋に至るのだが、戦災後のこの区間はごくありふれた下町の商業・住宅地区の景観に変り、そこを走る都電の記録写真も少ない。調理具・食器類の問屋街としての合羽橋が観光地として賑わうようになったのは都電廃止後の昭和50年代からで、撮影時はプロのための地味な街だった。写真は奥が総武線の浅草橋駅・蔵前方面、手前背後が靖国通りとの交差点で、右が両国、左が須田町方面である。◎浅草橋　1968（昭和43）年9月9日　撮影：矢崎康雄

江戸通りと人形町通りが交差する
小伝馬町の四差路を三ノ輪橋に向う
㉛系統の3000形

㉛系統は蔵前から江戸通りに進み㉒（南千住〜新橋）と室町三丁目まで同道する。写真はその途中の小伝馬町交差点の風景。直線が江戸通りで、奥が室町三丁目・東京駅方面、手前背後が馬喰町・浅草橋方面。横断しているのが人形町通りで、右が岩本町・秋葉原東口方面。ここでは⑬（新宿駅前〜水天宮前）、㉑（千住四丁目〜水天宮前）が交差していた。小伝馬町は企業ビルのほか衣料品店、服飾雑貨店、小間物問屋が密集する日本橋の商業地区で通勤、商用客の利用が多く、戦災に遭わなかった街区もあって撮影時には新旧渾然とした味のある景観を見せていた。現在、交差点の下には東京メトロ日比谷線の小伝馬町駅があり、ＪＲ総武本線の地下線が交差しているが、総武本線には駅が無く、新日本橋〜馬喰町の駅間となっている。
◎小伝馬町
1962（昭和37）年5月7日
撮影：荻原二郎

室町三丁目で中央通りを横断して丸の内方面に進む㉛系統都庁前行きの6000形
江戸通りを東京駅前、都庁前に進む㉛系統は、室町三丁目で中央通りとの交差点を直進して丸の内一丁目方向に進む。奥が神田駅のガード、手前背後が日本橋方面。◎室町三丁目　1969（昭和44）年1月1日　撮影：矢崎康雄

新常盤橋〜丸ノ内一丁目間、国鉄高架線に沿って走る㉛系統三ノ輪橋行きの6000形

左の国鉄線高架上には中央・山手・京浜東北線の他に東北本線の東京上野回送線が通っていて、東京〜神田間には東海道本線の折返し線も敷設されていた。連絡線は東北新幹線に用地を譲って一旦廃止後、現在は上野東京ラインとして復活している。写真では183系の特急「あまぎ」と思われる電車特急を留置中。高架線の向う側は大手町のビジネス街である。
◎新常盤橋〜丸ノ内一丁目　1969(昭和44)年1月1日　撮影：矢崎康雄

新常盤橋から並行していた国鉄高架線をクランク状に潜って、丸ノ内一丁目・東京駅前方面に向う㉛系統の6000形

㉛系統は新常盤橋から国鉄高架線沿いに進み、永代通り(国道1号と重複)の⑮系統(高田馬場駅前〜茅場町)、㉘系統(錦糸町駅前〜都庁前)と合流するが、国鉄線のガードを潜り抜けるとすぐに別れ、㉘系統と共に東京駅前・都庁前へ向う。国鉄線の高架上には大手町・丸の内側から見て順に中央・山手・京浜東北線と東北本線の東京上野回送線が通っていた。現在は中央線が重層化により高々架線となり、回送線は東北新幹線と上野東京ラインになっている。画面左が東京駅方面。
◎新常盤橋〜丸ノ内一丁目　1969(昭和44)年1月1日　撮影：矢崎康雄

東京駅前を三ノ輪橋に向う㉛系統の6000形
東京駅の表玄関・丸の内口には㉛系統の三ノ輪橋行き、㉘系統の錦糸町駅前行きが発着するだけで、品格は備わっていたものの、都電としてはいささか物足りない風景を見せていた。特に休日祭日には人の姿が減って、空気を運ぶ車両も目についた。左が新丸ビル、右が国鉄本社ビル。現在はいずれも高層ビルに姿を変え、後者は複合ビルの「丸の内オアゾ」として活気を呈している。
◎東京駅丸ノ内北口　1969（昭和44）年1月1日　撮影：矢崎康雄

東京駅丸ノ内南口前から、終着の都庁前停留場方向を望む
左背後が東京駅丸ノ内南口で、ステーションホテルがある。右が中央郵便局と三菱系のオフィスビル街。中央奥の突当りが鍛冶橋通りで、都電⑤系統（目黒駅前〜永代橋）と線路がつながっていた。右の黒いビルが丹下健三の設計による鉄骨とガラスが目立つ旧東京都庁。1957（昭和32）年に竣工したもので、鍛冶橋通りを越えた地点にあるが、高層のため目前のように見える。中央奥のビルは1965（昭和40）年に竣工した店舗・オフィス・展示場などを含む東京交通会館ビルで、有楽町駅前にある。都庁は1991（平成3）年4月に新宿へ移転し、跡地は東京国際フォーラムとなった。交通会館は現在も同じ姿を留めている。
◎東京駅丸ノ内南口〜都庁前　1969（昭和44）年1月1日　撮影：矢崎康雄

**東京駅丸ノ内北口前に到着した
㉛系統の6000形**
東京駅丸の内北口は旧・東京駅降車
口。戦後乗降口に改装された。丸の
内、大手町への通勤客の利用が多く、
平日の朝夕は混雑するが、休日は比
較的閑散としていた。左が国鉄本社
ビル、奥が日本ビル。戦災の応急復
旧による東京駅の三角屋根は痛々し
かったが、次第に見慣れてきて、平
成の復原工事により丸屋根の原型に
復帰するまで、この姿も親しまれて
いた。
◎東京駅丸ノ内北口
1969（昭和44）年1月1日
撮影：矢崎康雄

山手・京浜東北線分離と線増工事たけなわの頃の
新常盤橋〜丸ノ内一丁目間を東京駅前に進む
㉛系統の3000形

山手線と京浜東北線は田端〜田町間で線路を共
用していたが、ネック解消のための分離工事が
1949（昭和24）年から開始されていた。田町〜東
京間は戦前に線増の準備が完了していたので手
直しで済んだが、東京〜上野間は東北本線列車
線（複線。通称・東京上野回送線）を転用し、新
たに回送線を増設する工事となった。そのうち
東京〜秋葉原間は東海道本線の列車折返し線も
増設したため、複々線建設の工事となった。写真
は東京駅北側の工事区間の模様と、新常盤橋〜丸
ノ内一丁目間を東京駅へ向う緑／黄時代の㉛系
統の都電の姿である（金太郎塗りへの過渡期で、
これは旧塗装）。山手・京浜東北線の分離工事は
1956（昭和31）年11月に完成し、増設の回送線は
完成までしばらく常磐線電車の朝夕のみ有楽町
乗入に使われた後、上野〜東京間を直通する優等
列車や通勤列車運転に活用されていたが、東北新
幹線建設に際して神田〜秋葉原間が新幹線用地
に転用され、回送線は分断された。民営化後に復
活を目指して工事を進め、新幹線に用地を譲った
区間は2層構造にして2015（平成27）年に完成、
「上野東京ライン」と命名されて東海道本線と東
北本線・高崎線の相互直通運転と常磐線の品川
乗入れに活用されている。
◎丸ノ内一丁目
1951（昭和26）年2月26日　撮影：荻原二郎

「東京駅」の行先表示で東京駅丸ノ内北口前に
到着した㉛系統の3000形
戦災復旧後の東京駅が最も美しく見えた昭和30年代
の丸ノ内北口（旧降車口）前に到着した㉛系統の電車。
東京駅丸の内側に顔を見せる都電は、ここから2停留
場先の都庁前を終点とする㉘㉛系統だったが、方向幕
の行先を「東京駅」と記した電車も多く見かけた。実
際には都庁前まで行くのだが、知名度と末端部の利用
率の関係からそうしていたようだ。路線の廃止と短縮
が始まってからは東京駅丸ノ内北口前が正式の折返し
停留場となり、その先の線路は撤去されて、方向幕は
「東京駅」が正真正銘の行先となった。
◎東京駅丸ノ内降車口
1958（昭和33）年11月1日
撮影：小川峯生

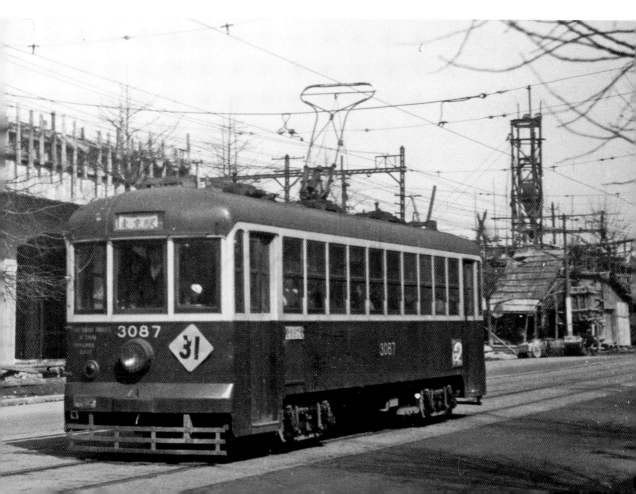

東京駅丸ノ内南口前から丸ビル（左）、新丸ビル（右）の前を三ノ輪橋に向う㉛系統の3000形

東京駅丸の内駅舎側に顔を見せる都電は、中型標準の6000形より一回り小型の3000形がほとんどだった。まれに6000形サイズの7000、8000形が顔を出す程度だったので、東京駅前の都電はどこか小ぢんまりして温和に見えた。しかし丸の内の落着いたオフィス街には大型車よりもこの方が似合いだった。特に日曜、休日にはビル街が静まり返っているので、3000形クラスの車両がこの丸の内の主のように見えた。現在の大手町・丸の内は再開発で高層ビルの街に変っており、都電の面影は何も残っていない。◎東京駅丸ノ内南口　撮影年月日不詳　撮影：小川峯生

東京駅丸ノ内中央口前を横切って、都庁前に進む㉛系統の6000形

東京駅の中央口は「皇室専用貴賓出入口」となっており、平常は閉鎖されているが、脇には小規模な「丸の内中央口」があって、一般客も利用できる。しかしここから外に出ても丸の内のオフィス街や地下鉄の乗換えには不便なので、利用客は少ない。都電とすれ違っているバスは都内観光の「はとバス」。旧塗装時代の姿で、鹿児島交通バスに同じ塗りが見られた。
◎東京駅丸ノ内中央口付近
1969（昭和44）年1月1日
撮影：矢崎康雄

東京駅丸ノ内南口前を経て都庁前の終点に到着した㉛系統の3000形

東京駅丸ノ内北口・南口を経て、方向幕を折返し先の「三ノ輪橋」に変えて都庁前に到着したところ。末端部なので乗客はいなかったように見える。道に沿う高架線の上にはは手前から中央線の引上げ線1本、山手線・京浜東北線各2本、東海道本線（横須賀線を含む）2本という当時の配線が並ぶ。高架下には飲食店や喫茶店が並び、奥には都内観光「はとバス」の案内所と乗車場所がある。画面には出ていないが、背後に当時の東京都庁、左には三菱系のビルと中央郵便局が並ぶ。都庁前停留場は時間帯によって混雑したが、通常は利用客が少なかった。◎都庁前　1956（昭和31）年1月25日　撮影：江本廣一

丸ノ内一丁目から国鉄本社ビル斜め向かいの東京駅丸ノ内北口に到着する㉛系統の3000形
左手前のビルが国鉄本社（後に東日本旅客鉄道〔JR東日本〕本社を経て現在は複合ビルの丸の内オアゾ）、その奥が日本交通公社ビル（1999年に品川区天王洲に移転、2001年に㈱JTBと改称）で、現在は丸の内オアゾと一体化している。右に国鉄高架線が見える。路面が鉄板張りになっているのは、総武本線錦糸町〜東京間地下線の工事が行われていたため。地下線は1972（昭和47）年7月15日に完成して総武本線の特急、快速の発着が開始され、1980（昭和55）年10月1日から快速電車と横須賀線との相互直通運転が開始された。写真左の国際興業バスは都バスと共運の長距離路線バス路線の1つで、東京駅丸の内北口〜常盤台・成増の系統。この種の長距離バスは43の系統数に達したが、昭和40年代初期から分断・廃止が始まり、現在は東急バス単独の〔東98〕東京駅丸の内南口〜等々力を残すのみとなっている。
◎東京駅丸ノ内北口　1969（昭和44）年4月11日　撮影：荻原二郎

32系統（荒川車庫前〜早稲田）

【担当：荒川電車営業所　営業キロ数：荒川車庫前〜早稲田間7.6km　「荒川線」の一部として現存】

王子電気軌道から引継いだ㉗系統（三ノ輪橋〜赤羽）と㉜系統（荒川車庫前〜早稲田）のうち、前者は純然たる下町路線、後者の飛鳥山〜早稲田間は山の手の路線である。荒川車庫前〜王子駅前間は㉗系統との共用。王子駅前で分岐して飛鳥山までの1区間は明治通りの併用軌道を進むが、飛鳥山からは専用軌道になり、明治末期〜関東大震災後に急速に都市化した山の手郊外の住宅・商工業

地区の滝野川・大塚駅前・雑司ヶ谷・面影橋と進んで早稲田に到着する。代替バスが走れる道路が無かったため唯一の都電路線として生残り、赤羽線を廃止後1974年に㉗㉜系統を統合して三ノ輪橋〜早稲田間を「荒川線」と改称した。線路と車両の改善を続け、現在は「さくらライナー」の愛称名で人気路線となっている。

停留場 1962（昭和37）年当時

荒川車庫前｜梶原｜栄町｜王子駅前｜飛鳥山｜滝野川一丁目｜西ヶ原四丁目｜新庚申塚｜庚申塚｜巣鴨新田｜大塚駅前｜向原｜日ノ出町二丁目｜雑司ヶ谷｜鬼子母神前｜学習院下｜面影橋｜早稲田

荒川車庫前始発で早稲田に向う㉜系統王電生え抜きの170形
王子電気軌道は荒川低地の水田地帯に専用軌道で開通した路線で、沿線に町工場や住宅、商業地が密集するようになってからも、軌道とその施設に変りは無かった。見事な架線鉄柱は旧王電が配電事業を行っていた時代の名残で、都市の路面電車というよりも私鉄の郊外電車の趣を残していた。㉜系統は下町区間からスタートし、王子駅前を境に山の手郊外地区を走って早稲田に向う。170形は王電から都電に引継がれた生え抜き車両の1つであった。
◎荒川車庫前　1967（昭和42）年12月3日　撮影：矢崎康雄

荒川車庫で出庫待ちの㉜系統160形（旧・王電引継ぎ車両）

旧王子電気軌道の拠点だった荒川車庫で憩う160形。昭和初期の
標準的な半鋼製車体で、撮影時にはほぼ原形の姿を留めていた。
背後の建屋も王電引継ぎのもので、あまり手は加わっていなかっ
た。旧王電線の路線は都営化後も施設の改善はあまり見られな
かったが、都内路線が廃止になって唯一生き残った㉗㉜系統の路
線となってから車両と施設の改良がスタートした。ワンマン化、
㉗㉜系統を統合して「荒川線」への再生、新車の導入が開始され
て見違えるように進化していった。
◎荒川車庫前　1967（昭和42）年12月3日　撮影：矢崎康雄

荒川車庫前に到着した㉜系統の170形（旧・王電引継ぎ車両）

旧王子電気軌道からは1924 〜 25年製の木造高床車100形10両・120形20両、半鋼製車150形7両・160形8両・170形8両の
計53両を引継いだが、戦後廃車と譲渡があり、最後まで生き延びたのは160形7両、170形5両。この12両は他線区への転出も
ないまま1967年から順次廃車となった。写真の170形は大分交通別大線の100形と最も類似した車体だった。
◎荒川車庫前　1967（昭和42）年12月3日　撮影：矢崎康雄

王子駅前〜飛鳥山間を行く⑳系統7500形の車内風景

7500形は1962（昭和37）年に20両が新製され、青山車庫に配置されて⑥（渋谷駅前〜新橋）、⑨（渋谷駅前〜浜町中ノ橋）、⑩（渋谷駅前〜須田町）で活躍した。都電廃止が進み、18両が荒川線に集結し、ワンマン化、ステップ撤去の後、1984年から13両が新車体に載せ換えられた。7000形と共に荒川線の一時代を築いたが、老朽化のため2008〜11年に廃車となった。登場時の原型車体を残す7514号車が都立小金井公園内の江戸東京たてもの園内に静態保存されている。

◎王子駅前〜飛鳥山　1972（昭和47）年5月3日　撮影：矢崎康雄

王子駅前で並んだ㉗系統赤羽発三ノ輪橋行きの7000形（左）と、㉜系統荒川車庫前発早稲田行きの6000形（右）
電車の離合では最も賑わったのが王子駅前停留場だった。線路は二股分岐で、左が北本通り（御成街道の一部）へ進む㉗系統赤羽線、右が明治通りへ進む㉜系統早稲田線と⑲系統飛鳥山線。一時期まで路上には両線をつなぐ複線もあって三角線を形成していた。構内外れには信号塔も見え、その左は遠く小平市の小金井カントリー倶楽部内を水源とする一級河川の石神井川（しゃ

くじいがわ）。左折して隅田川に合流する。右の土盛り高架上は京浜東北線の王子駅ホーム。歩道橋が出来るまではホームか
ら都電の全ての動きがよく見下ろせた。奥の樹木は飛鳥山公園。現在の荒川線王子駅前は京浜東北線との間に東北新幹線の高
架が通り、狭くて重苦しい景観となっている。◎王子駅前　1972（昭和47）年5月3日　撮影：矢崎康雄

王子駅前から明治通りの
「飛鳥大坂」を上り下りする㉜系統の
7000形（左上）と6000形（右下）
王子駅前を発車した㉜系統（および⑲
系統）の都電は京浜東北線・東北本線
の下を潜ると明治通りの急坂と急カー
ブの「飛鳥大坂」を上っていく。改良
のため道路の拡張と線路の付替えが行
われたが、勾配は解消されていない。
この坂は武蔵野台地の北端にあたり、
赤羽から上野まで東北本線に沿って続
く崖線を開削した箇所である。上り詰
めると飛鳥山に到着する。
◎王子駅前〜飛鳥山
1972（昭和47）年5月3日
撮影：矢崎康雄

王子駅前から京浜東北線・東北本線の下を潜り、明治通りの「飛鳥大坂」を上り始める㉜系統早稲田行きの7000形

王子駅のホームと東北本線の線路の下を潜って明治通りの急坂・急カーブの「飛鳥大坂」に挑む7000形の表情。線路の位置は道路の端にあったが、拡張と勾配・カーブ緩和のために中央に移設された。現在は右手に2009（平成21）年に開通した飛鳥山公園へのスロープカー「アスカルゴ」（無料。公園入口〜山頂間48m、所要2分）が歩行者に奉仕している。また、京浜東北線ホームの奥に東北新幹線の高い高架線が横断しており、景観は変化している。
◎王子駅前〜飛鳥山
1972（昭和47）年5月3日
撮影：矢崎康雄

専用軌道の飛鳥山停留場から御成街道（本郷通り）に出てきた㉜系統早稲田発荒川車庫前行きの6000形

㉜系統はここから専用軌道に入り、大塚駅前、雑司が谷、早稲田方面に進む。左の森は江戸期から桜と花見客の喧嘩で知られた飛鳥山公園。戦災を受け、戦後は文化施設を主体とした市民公園に生れ変った。園内には紙の博物館、北区飛鳥山博物館、渋沢栄一資料館、都電の保存車両などがある。1971年3月までは本郷通りを直進する⑲系統（王子駅前〜東大赤門〜須田町〜日本橋〜通三丁目）が走っていた。旧王電時代には市電と王電の線路はつながっていなかったが、王電の市営（都営）化で接続が実現し、⑲系統が走っていたもの。◎飛鳥山　1972（昭和47）年5月3日　撮影：矢崎康雄

飛鳥山に到着し、専用軌道に入る㉜系統早稲田行きの6000形

王子駅前から明治通りの急坂を上り詰めると明治通りは池袋方面へ別れて行く。都電はほんの少し御成街道（本郷通り）を進んで右折すると、専用軌道内の飛鳥山停留場に到着する。画面はその右折箇所のアップである。右に見える円型の塔は1970（昭和45）年に竣工した飛鳥山公園内のスカイラウンジ「飛鳥山タワー」。
◎飛鳥山
1972（昭和47）年5月3日
撮影：矢崎康雄

専用軌道内の飛鳥山停留場から早稲田に向う㉜系統の6000形
飛鳥山から早稲田までは全区間専用軌道を進む。この区間はすべて山の手の市街地を走っており、三ノ輪橋～王子駅前間の下町区間とは沿線風景も対照的である。緑と住宅が多く、線路も道路も坂が多くなる。旧王子電軌は配電事業も行っていたので、ほぼ全線にわたって頭上には高圧電線を通すための高層鉄骨架線柱が延々と続いていた。戦中の統制で電力事業は関東配電（現・東京電力）に譲渡して架線鉄柱は役目を終えたが、その姿は戦後も残り、元私鉄らしい景観を留めていた。しかし順次建植替えや鉄骨上部の切断・撤去が進み、現在も原型を残す鉄柱はごくわずかとなっている。
◎飛鳥山　1972（昭和47）年5月3日　撮影：矢崎康雄

大塚駅前を発車して早稲田方面に進む㉜系統早稲田行きの3000形
旧王子電軌の大塚駅前停留場は山手線のホーム下に設けられ、発車すると急カーブ、急勾配が続いてこの地点に到達する。奥の屋根は山手線大塚駅のホーム。やや進むと次の向原停留場に到着する。沿線はまだゆとりのある住宅や商業地だった。
◎大塚駅前〜向原　1954（昭和29）年11月　撮影：竹中泰彦

大塚駅前への急坂を下る㉜系統荒川車庫前行きの170形
旧王子電軌生え抜きの170形は、古巣の㉗㉜系統（現在の荒川線）を離れることなく生涯を全うした。撮影時の173号車は未更新で段付きの窓下帯、屋根上のお椀型通風機が原型を保っていた。いずれも昭和初期の標準的な姿だった。
◎向原〜大塚駅前　1954（昭和29）年11月　撮影：竹中泰彦

大塚駅前停留場に到着した㉜系統荒川車庫前行きの160形
旧王電時代には160形と170形は同一形式だったが、メーカーの違いによる僅かな違いによって、都営化後に形式が分けられた。大塚駅前停留場は山手線大塚駅下のトンネル状の構造で、すぐ近くの路上には⑯系統（大塚駅前～錦糸町駅前）の乗り場があったが、線路の接続は無かった。◎大塚駅前　1954（昭和29）年11月　撮影：竹中泰彦

大塚駅前停留場に停車中の㉜系統早稲田行きの1000形
旧王電の都営化後、戦後になってまず送り込まれたのが小型の1000形だった。大正期尾木造高床ボギー車を1933（昭和８）年以降に小型高床式鋼製車に改造した形式で、初期車は３段ステップだったため都内の併用軌道では使いにくく、専用軌道の荒川線にやって来たが、順次3000形などと交代して姿を消した。◎大塚駅前　1954（昭和29）年11月　撮影：竹中泰彦

向原〜大塚駅前間を進む㉜系統荒川車庫前行きの1000形
旧王電の160形、170形に交じって活躍中の1000形。10m級の小型車だが㉗㉜系統では使い勝手の良い車両だった。奥が大塚駅前で、急坂と急カーブが待ち構えているが、1000形は軽々と上下していた。
◎向原〜大塚駅前　1954（昭和29）年11月　撮影：竹中泰彦

飛鳥山に沿って進む㉜系統早稲田行きの160形
桜の名所飛鳥山公園も戦中戦後は荒廃し、一時は見る影もなかったが、順次復興して文化施設も増えていった。場所は明治通りとの分岐点付近。画面の160形は未更新で、集電のビューゲルと前面のストライカー以外は原型を保っていた。
◎飛鳥山　1954（昭和29）年11月　撮影：竹中泰彦

向原停留場に停車中の㉜系統早稲田行き7000形2次車
都電のサービスの1つに「平均化した車両の配置」があり、新旧の車両を各車庫にバラ撒いて平均化したサービスを提供していた。都心部から見れば外周部に当る荒川線（㉗㉜系統）にも3000、6000、7000、8000形が配置されて、都内の各系統との格差は無かった。7000形は2次車、3次車の配置があり、利用客にも好評だった。
◎向原　1954（昭和29）年11月　撮影：竹中泰彦

向原停留場に到着した㉜系統早稲田行きの3000形
都電らしい風景の1つ。元私鉄の一員だった印は鉄骨の架線柱くらいと言えようか。3000形も㉗㉜系統で長らく活躍したが、次第にひと回り大きい6000、7000、8000形や7500形に交代していった。停留場の手前は春日通りの踏切で、下には地下鉄丸ノ内線が通っているが、池袋～新大塚の中間なので、利用にはいまひとつ不便だった。
◎向原　1954（昭和29）年11月　撮影：竹中泰彦

山の手でも生活と密着していた
㉜系統（荒川線）
専用軌道が庶民の街を貫き、暮しと一
体化している光景は下町的と捉えられ
がちだが、東急世田谷線と荒川線は山
の手・郊外地区でも同様の雰囲気を
持っている。高速電車や地下鉄ではあ
り得ない、暮しと共存する電車風景が
見られる。写真の区間もそのような代
表的な風景の１つと言えよう。
◎雑司ヶ谷〜鬼子母神前
1972（昭和47）年５月３日
撮影：矢崎康雄

大塚駅前を経て向原で春日通りを越える㉜系統早稲田行きの6000形

拠点の１つ大塚駅前を越えると急坂を登り、地下鉄丸ノ内線が通る春日通りと交差する向原（むこうはら）停留場に着く。ここからは造幣局、旧巣鴨拘置所の裏手を進んでいたが、現在は拘置所跡が「サンシャインシティ」に再開発され、街は一新している。しかし都電の沿線は住宅地と小規模な商業地が広がり、昔の面影を今も残している。大塚駅前からは旧王電の架線鉄骨柱も簡易構造の物に変り、高圧線は通っていなかった。

◎向原
1972（昭和47）年５月３日
撮影：矢崎康雄

学習院下から目白通りを潜る「千登世小橋」橋下に進む㉜系統の6000形
前方の坂は目白通りの下を潜り抜ける「千登世小橋」の切通しで、右隣に接近してきた明治通りは「千登世橋」の下を潜り、都電と並んで大塚・王子方面へと進む。この区間は㉜系統の頃も荒川線の現在も、最も変化に富んだ沿線風景が望める区間となっている。◎鬼子母神前～学習院下　1972（昭和47）年5月3日　撮影：矢崎康雄

**雑司が谷の山の手の住宅地を走る
㉜系統6000形と7000形**
東池袋四丁目（旧・日ノ出町二丁目）〜鬼
子母神前間は、雑司ヶ谷霊園、鬼子母神の
周辺に住宅地が広がる山の手郊外らしい
風景が見られた。住宅の改築や道路の整
備が進んだ現在もそれは受け継がれてお
り、落着いた景観が残っている。
◎雑司ヶ谷〜鬼子母神前
1972（昭和47）年5月3日
撮影：矢崎康雄

目白通り「千登世小橋」の下を潜って学習院下停留場に近づく㉜系統早稲田行きの7000形
奥が目白通りの陸橋「千登世小橋」。右手の樹木法面（のりめん）が目白台に広がる学習院大学キャンパスの西端部。左には千
登世橋を潜ってきた明治通りが並ぶ。かつては明治通りにトロリーバス102系統（池袋駅前〜品川駅前）が走っていたが、1068
（昭和43）年4月に廃止となって並走する姿は見られなくなっていた。
◎鬼子母神前〜学習院下　1972（昭和47）年5月3日　撮影：矢崎康雄

面影橋分岐点近く、神田川に架る明治通りの「高戸橋」の隣を渡って荒川車庫前に向う㉜系統の7500形

橋の背後が㉜系統と⑮系統（高田馬場駅前〜茅場町）が分岐していた「面影橋分岐」と呼ばれるポイントがあった地点。1949（昭和24）年に旧王電線の線路を越えて、早稲田から高田馬場駅前まで⑮系統を延長した際に設置された分岐点だった。1968（昭和43）年9月に⑮系統が廃止になり、撮影時には分岐点は消えていた。画面の線路の左側には明治通りがぴったり並行しており、神田川を「高戸橋」という橋で越えるが、平行する都電の橋には特に名称は無い。現在、この一帯には高層のマンションが増えて、池袋のサンシャイン60もひときわ高くそびえて見える。◎面影橋〜学習院下　1972（昭和47）年5月3日　撮影：矢崎康雄

学習院下停留場に停車する
㉜系統早稲田行きの7500形
奥の森が学習院大学。その左に今通って
きた「千登世小橋」の切通しが見える。
左は明治通りが並行しているが、画面から
は見えない。この停留場周辺は住宅地で、
若干の商店と町工場が見られた。現在は
改築が進んで背の高いマンションが増え
ている。
◎学習院下
1972（昭和47）年5月3日
撮影：矢崎康雄

面影橋停留場から終着の早稲田に向う㉜系統の7500形
㉜系統は専用軌道のまま早稲田停留場に向っていたが、途中の面影橋停留場付近は小規模な商工業の街区となっており、商店
の買い物客と都電の利用客が多かったので、部分的に併用軌道化されていた。写真は区画整理が進んで左手に道路が新設され
た後の模様で、現在の広々とした新目白通りへの開発が始まった頃の記録になっている。
◎面影橋　1972（昭和47）年5月3日　撮影：矢崎康雄

**町屋二丁目、ワンマン化と
施設改良で明るさを増した
旧㉗系統区間
(三ノ輪橋～荒川車庫前)**
荒川線に統一のほか、車両・軌
条・停留場なども更新されたの
で、視界が広がって都電も沿線
も新鮮に見えるようになった。
専用軌道の両側には新設の道路
の建設が始まって、センターリ
ザベーションを思わせる区間が
増えていった。写真は新装記念
の花電車運転中の模様で、沿道、
停留場には花電車の通過を待つ
人たちが集まっていた。
◎町屋二丁目
1978 (昭和53) 年4月8日
撮影：矢崎康雄

**「荒川線」と改称してからの
都電の表情**
1974年10月1日に「荒川線」
と改称後、7000形は1977年か
ら31両がワンマン対応、ステッ
プを廃止したバリアフリーの新
車体に生れ変った。従来からの
6000形は構造上ワンマン化が
難しいのでツーマンを続けた。
但し、新7000形に合せたホー
ムの扛上(こうじょう)により
ステップ付き車両からの乗降は難
しくなり、ラッシュ専用車や予
備車、貸切車として使用され、
一部を残して廃車も進んだ。
◎荒川車庫前
1977 (昭和52) 年12月14日
撮影：矢崎康雄

**1978 (昭和53) 年春に運転された
「荒川線新装記念」の花電車**
荒川線の車両・施設の更新改良工
事が終ったのを記念して、1978
(昭和53) 年3月30日～4月10日
に全区間で花電車が運転された。
花電車の台車は引退した6000形
5両の客室を撤去して、床面に集
電装置と装飾の台座が設けられ
た。車号とスポンサー・装飾テー
マは、1号車(乙6211)：ムーミン
号、2号車(乙6209)：テレビ朝日
号、3号車(乙6213)：ライオン歯
磨号、4号車(乙6210)：山吹の里
号、5号車(乙6212)：鉄道馬車号。
6000形の台枠・台車は終了後も
保存されたが、車体の無理な改造
から床面に歪みが生じ、1981年に
廃車となった。
◎王子駅前
1978 (昭和53) 年4月8日
撮影：矢崎康雄

学習院下に停まるワンマン化で
前面の印象が変った
当時の7500形
荒川線のワンマン化に際してス
テップレス化と前部の扉が小改
造された当時の顔立ち。この角
度から眺めると、向って右側の
腰板部分の車体絞りが消えて
6000形並みのRになったため、
著しく左右非対称の顔立ちに見
えた。この車体は1984～87年
に新製車体に載せ替えられて姿
を消した。
◎学習院下
1977（昭和52）年12月14日
撮影：矢崎康雄

新目白通りの建設で変貌を
遂げる面影橋付近を
早稲田に向う7500形（原形車）
面影橋分岐点～面影橋～早稲
田間は都電の専用軌道だけで並
行する道路が無かった。ここに
新目白通り（文京区江戸川橋～
新宿区西落合一丁目）を通すこ
とになって、都電の沿線は区画
整理が進み、新道に面してマン
ションの建設が始まっていた。
画面の7514号車は撮影後にワ
ンマン化改造から除外され車庫
で保管されていたが、現在は小
金井市の「江戸東京たてもの園」
で原形のまま保存されている。
◎面影橋
1977（昭和52）年12月14日
撮影：矢崎康雄

新目白通りの建設で
姿を変える前の早稲田停留場
早稲田停留所は専用軌道内の対
面式2線ホームで、⑮系統（高田
馬場駅前～茅場町）、㉜系統（荒
川車庫前～早稲田）、㊴系統（早
稲田～厩橋）が絶え間なく発着
していた。都電の廃止が進むと
㉜系統だけが残って「荒川線」
となり、ホームも縮小された。
さらに新目白通りの建設が進む
と、広い道路の中央に新停留場
が建設された。
◎早稲田
1977（昭和52）年12月14日
撮影：矢崎康雄

COLUMN ㉗㉜系統（荒川線）に歴史を残した都電車両

専用軌道内の飛鳥山停留場から荒川車庫前に向う旧王子電軌生え抜きの170形。奥を横断するのは、本郷通りへ直進する⑲系統（王子駅前〜通三丁目）の8000形。
◎飛鳥山
1965（昭和40）年3月8日
撮影：江本廣一（7枚とも）

◎160形　1957（昭和32）年2月17日

◎170形　1965（昭和40）年11月27日

◎1000形　1957（昭和32）年2月17日

◎2500形　1965（昭和40）年3月8日

◎3000形　1965（昭和40）年10月17日

◎8000形　1958（昭和33）年5月29日

33系統（四谷三丁目～浜松町一丁目）

【担当：広尾電車営業所　営業キロ数：四谷三丁目～浜松町一丁目間5.8km　廃止：1969（昭和44）年10月26日】

　山の手内陸の四谷～青山～六本木～飯倉～神谷町～浜松町を結ぶ短距離路線だった。起伏に富んだ地形を貫くため坂が多く、沿線には学校や社寺、大使館、大病院、スポーツ関連施設などが多く、戦前戦後には陸軍、米軍の施設が集まっていた。中核地・六本木の発展に伴って人の移動は活発化していた。路線のほとんどが山の手に属し、下町の沖積低地を走るのは神谷町以東のわずかな距離だった。長らく似た性格の㉝系統と共に小型の1200形が主力だったが、末期には他線区から捻出された中型車に置き換えられて、幹線各系統と遜色のない路線に脱皮していた。廃止後は地下鉄路線の充実、道路事情の向上などにより、旧沿線は高層のビルが連続する首都らしい景観に変っている。

停留場 1962（昭和37）年当時

四谷三丁目／左門町／信濃町／権田原／青山一丁目／新坂町／竜土町／六本木／三河台町／飯倉片町／飯倉一丁目／神谷町／御成門／浜松町一丁目

坂の多い街・飯倉一丁目交差点を四谷三丁目に向う㉝系統の8000形と目黒方面等々力（とどろき）に向う長距離路線の都バス

軌道工事中の飯倉一丁目交差点。沿道には各国の大使館が多かった。3方向とも坂の続く街の一角で、都電のモーター音が響いていた。都バスの方は東急バスとの共運路線で、東急バスには「飯倉経由」と大書してあった。六本木と飯倉を経由する系統も飯倉経由の表示だったのは、繁華街になる前の六本木よりも飯倉の方が知られていたからだろう。

◎飯倉一丁目　1966（昭和41）年3月10日　撮影：江本廣一

㉝系統の起点・外苑東通り路上の四谷三丁目停留場で折返す㉝系統の8000形

四谷三丁目は国道20号（甲州街道、新宿通り）と外苑東通りの交点で、20号線には⑪系統（新宿駅前～月島通八丁目〔後の月島。さらに後に新佃島まで延長〕）と⑫系統（新宿駅前～両国駅前）が頻繁に往復しており、外苑東通りを往復する⑦系統（四谷三丁目～品川駅前）、㉝系統（四谷三丁目～浜松町一丁目）はローカルの感があったが、1963（昭和38）年の部分廃止によって⑩系統

（渋谷駅前～青山一丁目～九段上～神保町～須田町）が青山一丁目～信濃町～四谷三丁目～四谷見附～市ケ谷見附～九段上間を迂回するようになり、青山一丁目～四谷三丁目間は従来からの⑦㉝系統に⑩系統が加わったので新しい流れが生れて賑わいを見せるようになった。画面突当りが国道20号、撮影時には外苑東通り北部はまだ細路だった。現在この一帯には高層のオフィス、マンションのビルが林立している。◎四谷三丁目　1069（昭和44）年10月24日　撮影：矢崎康雄

信濃町の都電専用橋南側から青山方向を見る、電車は㉝系統四谷三丁目行きの2000形と系統不明の8000形

外苑東通りの都電は地味ながら相応の本数があり、絵になる光景が各所に見られた。元杉並線から転入の2000形は㉝系統では新顔で、老朽化した小型車1200形の代替として都内線末期に入線したもの。左手の塔は浄土宗一行院の舎利塔。奥が北青山一丁目(旧・青山一丁目)方面。その間の左側は赤坂御用地、右側は明治神宮外苑で、共に樹木が多く美しい「電車みち」が続いていた。◎信濃町　1969(昭和44)年1月8日　撮影：荻原二郎

四谷三丁目〜信濃町の中間・左門町を行く ㉝系統浜松町一丁目行きの8000形

四谷三丁目から信濃町にかけては寺院の多い閑静な住宅・商業地だった。お岩稲荷こと田宮神社をはじめ須賀神社があり、円通寺坂一帯には寺院が17寺も集まっている。この付近の都電は比較的閑散としていたが、朝夕は通勤通学客で混雑した。左門町から信濃町にかけては戦後、創価学会関係の施設が集まって、独特の景観を見せるようになった。沿道の慶應義塾大学医学部、慶應義塾大病院を過ぎれば信濃町駅前である。
◎左門町
1969 (昭和44) 年1月8日
撮影：荻原二郎

信濃町駅前の「信濃町停留場」に停車中の㉝系統浜松町一丁目行きの2000形

信濃町の停留場は国鉄中央線の信濃町駅前だが、駅前とは称していなかった。左のビルは慶應義塾大学病院、左手前の柵は中央線・総武線を越える専用橋の端。当時の信濃町は慶應義塾大学医学部、明治記念館、神宮外苑のほか創価学会関係の施設が増えつつあり、都電の利用客は多かった。2000形は元杉並線からの転属車。小型車1200形の代替として入線していた。
◎信濃町　1969 (昭和44) 年10月24日　撮影：矢崎康雄

信濃町駅前を浜松町一丁目に向う㉝系統浜松町一丁目行きの8000形
信濃町駅は切通しの下にあり、複々線のうち中央快速線は通過、中央・総武緩行線に島式ホームがある。改築前の駅舎は質素なものだった。都電は中央・総武線の線路を専用橋で越える構造で、地上や国鉄ホームから眺めると都電がスマートに見えた。
◎信濃町　1969（昭和44）年10月24日　撮影：矢崎康雄

信濃町の中央線を越える都電専用橋を
過ぎた地点、青山方面に進む
㉝系統浜松町一丁目行きの8000形

四谷三丁目～左門町と端正な街並みを
通ってきた㉝系統は、右手に慶應義塾大
学医学部、慶応大学病院を見ながら信濃
町に着く。信濃町は国鉄中央線の信濃町
駅西側を都電唯一の専用跨線橋で渡って
いたので、人気のある場所だった。左の
塔は駅南側に隣接の浄土宗一行院の舎利
塔。同寺は広大な敷地を所有していたが、
戦前までの中央線の線路敷設と複々線化、
戦後の首都高速4号新宿線に用地を提供
し、現在はかなり狭くなっている。
◎信濃町
1969（昭和44）年1月8日
撮影：荻原二郎

赤坂御所の西端に沿って信濃町から
青山一丁目（後の北青山一丁目）に向う
㉝系統浜松町一丁目行きの1200形

撮影当時は東宮御所のあった赤坂御用地
に沿って、⑦㉝系統（後に迂回運転の⑩系
統も）が往復していた。左は明治神宮外苑
で、スポーツ施設が多かったが、外苑東通
りの両側はしたたるばかりの緑が多く、静
粛だった。都電の緑／黄のシックな旧塗
装もこの付近にはよく似合い、落着きのあ
る景観をつくっていた。
◎権田原
1956（昭和31）年10月7日
撮影：小川峯生

123

北青山一丁目（旧・青山一丁目）交差点の南、外苑東通りと環状３号線との分岐点を左折して
六本木方面に進む㉝系統浜松町一丁目行きの8000形

奥が北青山一丁目交差点。都電が左折しようとしている画面右側の道が外苑東通りで、㉝系統（四谷三丁目〜浜松町一丁目）と
迂回運転後の⑨系統（渋谷駅前〜浜町中ノ橋）がこちらへ曲り、乃木坂、六本木方面へ向っていた。交差点を左方向に直進して
いる道はここが起点の環状３号線（支線）で、そちらへ進むのは⑦（四谷三丁目〜霞町〜天現寺橋〜泉岳寺前〜品川駅前）のみ

だった。外苑東通りを南下する㉝と⑨系統の沿線には乃木神社、旧乃木邸、乃木坂などがあり、六本木との中間には旧防衛庁の跡地を再開発した「東京ミッドタウン」がある。一方、環状3号線を南下する⑦系統の方は大半を専用軌道で旧三聯隊裏（戦後は長期間にわたり米軍基地）と青山墓地裏の間を南下し、霞町（現・西麻布交差点）を経て広尾、天現寺橋方面に向っていた。
◎北青山一丁目　1969（昭和44）年5月19日　撮影：荻原二郎

変り行く乃木坂付近を行く浜松町一丁目行きの㉝系統8000形
六本木の発展は昭和40年代からで、至近の乃木坂一帯にも商圏が及び、新しい商業ビルが建ち並ぶようになった。都電末期には高度成長の頂点に達しており、クルマと地下鉄主体への交代期を迎えていた。
◎赤坂八丁目　1968（昭和43）年9月26日　撮影：荻原二郎

**六本木交差点を越えて進む末期の
㉝系統四谷三丁目行きの8000形**

六本木が麻布の住宅地であった頃は、六本木交差点界隈も小規模な商店街が見られる程度の地味な景観だった。しかし都電の往来は活発で、交差する六本木通りには⑥系統(渋谷駅前～新橋)、㉝系統(四谷三丁目～浜松町一丁目)が頻繁に行き交っていた。1964(昭和39)年に地下鉄日比谷線(北千住～中目黒)の全通と六本木駅が開設されてから次第に街に活気が見られるようになり、昭和40年代半ば以降は街の性格が一変した。それとは裏腹に都電は⑥が1967(昭和42)年12月に廃止となり、㉝は1969(昭和44)年10月に廃止となって六本木から都電の姿が消えた。現在、六本木通りの頭上には首都高速3号渋谷線の高架が通っているが、繁華な街の喧騒がその重苦しい姿をかき消す勢いを見せている。
◎六本木
1969(昭和44)年5月19日
撮影：荻原二郎

六本木交差点を後に飯倉方面へ進む㉝系統浜松町一丁目行きの8000形
六本木の交差点で交差していた⑥系統の姿はすでに無く、頭上を通る首都高速3号渋谷線の高架が重くのしかかって見える。撮影当時はまだ六本木の賑わいは緒に就いたばかりで、現在の繁華な世界からは想像もつかない時期だった。現在、交差点以南の地下鉄は、都営大江戸線が外苑東通りから離れて、狭い道の芋洗坂(いもあらいざか)経由で麻布十番に向かっている。
◎1968(昭和43)年9月26日　撮影：荻原二郎

六本木交差点を飯倉片町・神谷町方面に進む㉝系統浜松町一丁目行きの8000形

軍部と住宅の街だった麻布の六本木は、旧陸軍歩兵第一聯隊、第三聯隊の跡が米軍に接収され、米軍相手の飲食・飲酒店、商店
が並んだのをきっかけに繁華街への変貌が始まった。1954（昭和29）年の俳優座劇場の開場、昭和30年代末の地下鉄日比谷線

の全通などでレストラン、パブ、クラブ等が増えていった。写真は中心の六本木通りと外苑東通りが交差する六本木の中心地点で、無機質な高架橋は首都高速3号渋谷線。現在は路面下でメトロ日比谷線と都営大江戸線が交差している。
◎六本木　1969（昭和44）年10月13日　撮影：矢崎康雄

六本木停留場に停車中の㉝系統浜松町一丁目行き8000形

撮影当時の六本木は都内有数の繁華街になる直前で、まだ生活感も漂う山の手の住宅・商業地だった。都電の廃止後、急速に芸能人や若い世代が押寄せる街に変貌し、昭和60年代〜平成初期のバブル期にはディスコの全盛期を迎え、六本木がその代表格となった。◎六本木　1969（昭和44）年10月13日　撮影：矢崎康雄

東京タワーが次第に大きく見えてくる六本木五丁目（旧・三河台町）に停まる㉝系統四谷三丁目行きの8000形
六本木から南下していくと、港区麻布地区の行政機関が増え、景観も落着きを見せていた。地理的には芝公園内の東京タワー（1958年竣工）に近づくため、次第にタワーの背が高くなってくる。このあたりからが都電と組合わせた撮影の名所となっていた。◎六本木五丁目　1969（昭和44）年５月19日　撮影：荻原二郎

昭和30年代ののどかだった頃の六本木五丁目（旧・三河台町）を四谷三丁目に進む㉝系統の1200形
撮影時には東京タワーは未着工で、背景の空が広く見えた。東京タワーの着工は1957（昭和32）年６月29日、工事は順調に進み、翌1958年10月14日に竣工、12月23日に完工式を挙行してオープンした。写真の撮影位置からはタワーが大きく見えるようになり、六本木の街並みも次第にこの辺まで広がってきた。
◎三河台町（後の六本木五丁目）　1958（昭和33）年３月９日　撮影：小川峯生

東京タワーを目前に、麻布郵便局前に停まる㉝系統浜松町一丁目行きの8000形
飯倉片町の停留場は麻布郵便局前にあり、そのアールデコ風のモダンなビルと至近の東京タワーが絶妙の組合せとなって、都電撮影の人気スポットになっていた。郵便局の建物は1930（昭和5）年の竣工で、逓信省貯金局⇒逓信省⇒郵政省が使用、1946年麻布郵便局入居⇒その後2005年日本郵政公社東京支社入居⇒2007年郵政民営化により郵便局㈱所有に⇒2012年日本郵便㈱が日本郵政グループの飯倉ビルとして所有、2018年麻布郵便局は麻布台1丁目に移転。2019年ビル解体。2023年竣工予定で高層ビル建設の大工事が進んでいる。◎飯倉片町　1969（昭和44）年5月19日　撮影：荻原二郎

東京タワーの真下から出てきたような㉝系統四谷三丁目行きの8000形
飯倉片町〜飯倉一丁目間の眺め。坂下が桜田通り（国道1号）との交差点で、外苑東通りはここで終る。桜田通りには③系統（品川駅前〜飯田橋）、⑧系統（中目黒〜築地）が往復しており、㉝系統は神谷町までの1停留場間だけ乗入れて御成門・浜松町一丁目方面に別れる。一帯は麻布地区から芝地区への境界でもある。
◎飯倉片町〜飯倉一丁目　1969（昭和44）年1月1日　撮影：矢崎康雄

東京タワーを背景に浜松町一丁目から四谷三丁目に向う㉝系統の8000形
六本木五丁目〜飯倉片町〜飯倉一丁目〜神谷町〜御成門間は坂の多い区間で、かつては小型車1200形が電動機のうなり
を上げながら坂登りをしていた。飯倉片町も坂の途中の街で、背景の東京タワーは低地に立地するため塔の足元は見え
ないが、高さはよく判る。㉝系統としてはタワーの全体像が最もよく見える地点だった。左は麻布郵便局。
◎飯倉片町　1969（昭和44）年1月1日　撮影：矢崎康雄

繁華になった「六本木」の膨張で姿を変え始めた六本木五丁目（旧・三河台町）に接近する㉝系統の2000形
六本木を過ぎると三河台町から先は生活感を伴う住宅地と小規模な商業地だったが、道路の拡張、ビルの増加、東京タワーを背景とする景観など、急速に街の性格が変りつつあった。2000形は老朽化した小型車1200形の代替として、廃止された杉並線から転属してきた車両。程ほどの輸送量の城南地区の路線には似合いの車両となっていた。
◎六本木～六本木五丁目　1969（昭和44）年10月24日　撮影：矢崎康雄

広々とした桜田通り（国道1号）を
四谷三丁目に向う㉝系統の8000形

早い時期に拡幅された国道1号だけに、路面中央を走る都電の姿は目立つような目立たないような存在になっていた。㉝系統は飯倉一丁目〜神谷町の1区間のみ桜田通りの③（品川駅前〜飯田橋）、⑧（中目黒〜築地）と併走し、利便性を発揮していた。撮影時は高度成長の最盛期。自動車が途切れる瞬間は短かった。奥が神谷町方面。背後が赤羽橋、三田方面。路面下には地下鉄日比谷線が通っている。
◎飯倉一丁目
1969（昭和44）年5月19日
撮影：荻原二郎

神谷町交差点を右折して御成門、浜松町一丁目へ進む㉝系統の7000形
㉝系統は神谷町で桜田通りと別れ、単独路線となって御成門、終着の浜松一丁目へと進む。
愛宕神社、放送博物館のある愛宕山の南端と、芝公園の北端の間の寺院、大学、私立高校の多い市街地の坂道を下ると慈恵医大に近い御成門交差点に着く。◎神谷町　1969（昭和44）年5月19日　撮影：荻原二郎

神谷町交差点から右折して御成門・浜松町一丁目に向う㉝系統の8000形
奥が西久保巴町・虎ノ門方面、画面背後が飯倉一丁目・赤羽橋方面。路面の下には地下鉄日比谷線の神谷町駅がある。㉝系統の電車は右折して御成門・浜松町一丁目に向うが、方向幕は早くも折返しの四谷三丁目行きの表示となっている。都電はこの手の「早回し」が多かった。現在の東京のバスのデジタル方向幕は正確な行先表示そのもので、このような早手回しの方法は見かけない。◎神谷町　1967（昭和42）年11月3日　撮影：小川峯生

学校と寺院の多い神谷町〜御成門間の急坂を上り、四谷三丁目に向う㉝系統の8000形
飯倉一丁目から桜田通りを進むと神谷町交差点から御成門交差点に向う急坂を下る。写真は逆方向の四谷三丁目行きなので、青松寺の石垣に沿う急坂を上って神谷町に進むところ。この区間の沿道には坂上から芝高校・中学、正則高校などの私立学校と東京慈恵会医大、および光明寺、円光寺、延光寺、青松寺、青龍寺などの寺院が多い。御成門も増上寺への将軍参詣の御門にちなむものである。◎神谷町〜御成門　1969（昭和44）年1月1日　撮影：矢崎康雄

神谷町交差点を右折して御成門、浜松町一丁目へ進む㉝系統の7000形

㉝系統は神谷町で桜田通りと別れ、右折して日比谷通りとの交差点にある御成門停留場に至る。御成門は広大な徳川家の菩提寺・三縁山広度院増上寺の裏門だが、将軍が参詣の折によく利用したため「御成門」と称されるようになった。明治以後は周囲が商工業・文教住宅地区になり、都電の時代には新橋のオフィス街に含まれつつあった。ここは②系統（三田～曙町）、⑤系統（目黒駅前～永代橋）、㊲系統（三田～千駄木町）との交点で、㉝は横断して浜松町一丁目に向っていた。現在、日比谷通りの下には都営三田線が通り、御成門駅がある。◎御成門　1969（昭和44）年10月24日　撮影：荻原二郎

坂を上りきって神谷町交差点を目前にする㉝系統四谷三丁目行きの8000形

都電末期の頃、神谷町一帯は商業地区からオフィス街に変りつつあった。地下鉄日比谷線の開通により、日比谷～霞が関～神谷町～六本木が1本につながったことから一気に発展し、街の景観は変っていった。
◎神谷町～御成門　1969（昭和44）年1月1日　撮影：矢崎康雄

終点の浜松町一丁目停留場で発車を待つ㉝系統四谷三丁目行きの8000形
㉝系統は国鉄浜松町駅と新橋駅との中間にある浜松町一丁目が終点だった。ここは国道15号（第一京浜国道）との交差点で、国道には①系統（品川駅前〜上野駅前）と④系統（五反田駅前〜銀座二丁目）が往来していたが、㉝系統の線路はここで切れていた

（つながっていた時期もあった）。周囲は新橋の商業・ビジネス圏内で、大小の企業と個人経営の商工業者が集まっていた。現在はビルの高層化によって昔日の面影は無く、純然たるオフィス街の景観を見せている。
◎浜松町一丁目　1969（昭和44）年10月24日　撮影：荻原二郎

浜松町一丁目の終点をバックに
四谷三丁目へ向う㉝系統の8000形
中央奥が国道15号（第一京浜）との交
差点のある浜松町一丁目。㉝系統はこ
こが起終点で折返していた。15号線を
走る①④系統とは線路が接続していた
が、末期には㉝系統の線路は切られて
単線化のうえ交差点手前で折返してい
た。右手が日本赤十字社の本社。
◎浜松町一丁目
撮影年月日不詳
撮影：小川峯生

日本赤十字本社前を四谷三丁目へ向う㉝系統の8000形

右が御成門と終着の浜松町一丁目の間にある日本赤十字社の本社。1877（明治10）年の西南戦争時に博愛社設立、1887（明治20）年に日本赤十字社と改称し、1912（明治45）年に飯田橋から芝大門の当地に移転した。撮影時は戦前に建築の中層ビルだったが、1977（昭和52）年に黒川紀章設計の中層ビルに改築、ＢＣＳ賞（建築業協会賞）を受賞している。
◎御成門～浜松町一丁目
撮影年月日不詳
撮影：小川峯生

東京タワー建設中の風景、飯倉片町ですれ違う㉝系統の3000形（右）と1200形（左）

東京タワーの建設は1958（昭和33）年に行われ、日増しに高くなる鉄骨のタワーに都民は歓喜のまなざしを送っていた。当時は高層ビルが皆無だったので、都内各所の4〜7階建てのデパート、オフィスや団地、学校の高層階と屋上、電車の窓などからその成長ぶりを毎日眺めるのが都民の楽しみになっていた。画面の電車は旧塗装時代の2期生で、緑／黄から青緑／クリームに変った直後の姿。3000形は低床車、1200形は高床車で、床面には200㎜以上の高低差があった。
◎飯倉片町　1958（昭和33）年3月9日　撮影：小川峯生

34系統（渋谷駅前～金杉橋）

【担当：広尾電車営業所　営業キロ数：渋谷駅前～金杉橋間6.4km　廃止：1969（昭和44）年10月26日】

　旧玉川電気鉄道（後の東急玉川線）が建設し東京都に編入した路線のうち、渋谷駅前～天現寺橋間を都内路線に結んだ系統で、城南地区の古川沿いを東西に走る亜幹線の1つだった。起点の渋谷駅前は玉川線から分断された旧・中間停留場で、ここから終点の金杉橋まで渋谷川（天現寺橋から下流は古川）に沿って進むため、停留所名は全16ヵ所中12ヵ所が橋の名という「橋づくし」の路線として知られていた。古川沿いは山の手の庶民的な住宅・商業地だったので、下町的な性格も併せ持つ系統だった。高度成長期以降は沿線の再開発が進み、特に天現寺橋・二ノ橋・一ノ橋（⇒麻布十番）、赤羽橋付近は街の景観が一変した。当系統も地下鉄路線の無い街の足となっていたが、現在は改善されている。

停留場 1962（昭和37）年当時

渋谷駅前　並木橋　中通二丁目　渋谷橋　下通二丁目　天現寺橋　光林寺前　四ノ橋　古川橋　三ノ橋　二ノ橋　一ノ橋　麻布中ノ橋　赤羽橋　芝園橋　金杉橋

渋谷駅（東口）前の旧停留場で発車を待つ㉞系統金杉橋行きの3000形

東口のループ式都電ターミナルを建設中の頃。当初は㉞系統のみ他の都電路線とは離れた位置で発着していた。画面をよく見ると左方向に曲る廃線跡があるが、これが旧玉電時代の天現寺橋～二子玉川・溝ノ口を結んでいた本線の跡で、頭上の東京高速鉄道（後の営団地下鉄銀座線⇒現・東京メトロ銀座線）の建設時にここで分断され、東横百貨店（後の東急百貨店東横店東館）内は「東横のれん街」の通路の一部に活用されていた。画面奥には国道246号（青山通り）を越えた角地の渋谷東映劇場（後のTOEI①、TOEI②）の姿が見える。同館は1953年に開場した人気映画館だったが、2022（令和4）年に閉館となった。
◎1956（昭和31）年10月8日　撮影：荻原二郎

渋谷駅東口横で発着していた頃の㉞系統のりば

㉞系統は旧玉川電気鉄道（玉電。後に東急玉川線）が天現寺橋～二子玉川間の本線として建設した路線の一部で、地下鉄建設の際に分断され、山手線の内側が後に都電に編入されたもの。そのため渋谷駅前の停留場は明治通り路上の切断された線路の末端部にあって、都電の他の線路との連絡は無かった。左奥のビルが東横百貨店（後の東急百貨店東横店の東館）で、その1階には旧玉電の線路跡が「東横のれん街」の通路として活用されていた画面の右奥ではループ式の都電ターミナルが建設中で、完成後㉞系統もその一部に組込まれて路上の起終点は姿を消した。◎渋谷駅前　1955（昭和30）年10月　撮影：竹中泰彦

渋谷駅前の旧停留場から発車する㉞系統金杉橋行きの8000形
㉞系統だけの孤立した停留所からからの発車風景で、背景は都電の新ターミナル建設現場と渋谷駅と東急文化会館を結ぶ歩道橋の工事中である。どちらも最終段階に達していて、1957（昭和32）年の春に完成した。㉞系統も晴れて新ターミナルに移動して、玉電時代を偲ばせる光景は消えた。◎渋谷駅前　1955（昭和30）年10月　撮影：竹中泰彦

**完成したばかりの渋谷駅前
ループ線上の新停留場に並ぶ
新製直後の㉞系統8000形**

都電の渋谷駅前停留場が西口から東口に移転して1957（昭和32）年3月に完成した直後の光景で、まだ一部の工事は続行中だった。左のビルが東横百貨店（後の東急百貨店東横店東館）、高架上が地下鉄銀座線、右奥に東急文化会館（複数の映画館とプラネタリウム。現在は高層化して渋谷ヒカリエ）があり、地下鉄高架下の通路橋で連絡していた。8000形は1956〜57年に131両が新製された経済車。㉞系統の乗降場は後に修正されて線路は1本化された。

◎渋谷駅前
1957（昭和32）年3月12日
撮影：小川峯生

渋谷駅前で発車を待つ㉞系統金杉橋行きの1200形（原型車）
1957（昭和32）年に完成した渋谷駅東口側のループ式都電ターミナルの西の端が旧・玉川電気鉄道（⇒東京横浜電鉄玉川線⇒東京急行電鉄）から引継いだ㉞系統の乗降場だった。写真の位置は⑥系統（渋谷駅前〜新橋）、⑨系統（渋谷駅前〜浜町中ノ橋）、⑩系統（渋谷駅前〜須田町）の乗降場と並んでいたが、線路は繋がっていなかった。この位置に移設されるまでは左側の1段低い明治通り路上の安全地帯に発着していたが、移設後、まず2線で開業し、やがて乗継ぎ客の利便をはかって1線に改装された。奥の高架線は営団地下鉄銀座線（現・東京メトロ銀座線）で、1938（昭和13）年の全通。戦前の都市計画ですでにこのように市電（都電）との交点となる設計が出来ていた。都電廃止後の停留場跡は都バスのターミナルになっていたが、現在は地下に東急東横線・東京メトロ副都心線の渋谷駅があり、再開発で渋谷の高層化が進行中である。◎渋谷駅前　1962（昭和37）年5月12日　撮影：荻原二郎

渋谷駅前で賑わっていた多数の6000形と㉞系統の2000形
渋谷駅前には⑥⑨⑩㉞の4系統が発着し、都電末期の頃には6000、7000、7500、8000形に2000形も加わって大いに活気を呈していた。しかし廃止計画に基づき、ここは都バスのターミナルに変っていった。
◎渋谷駅前　1968（昭和43）年9月11日　撮影：矢崎康雄

都電の廃止が始まり、㉞系統だけが残った時期の渋谷駅前停留場

渋谷駅前に発着する都電の⑥⑨⑩系統が廃止になった後も、㉞系統はしばらく残っていた。⑥⑨⑩系統の乗降場は線路を埋めて代替の都バス乗降場に変り、やがてすべてが都バスのターミナル化された。現在、ターミナル跡の地下には東急東横線・東京メトロ副都心線の渋谷駅がある。高架橋は首都高速3号渋谷線、その下が国道246号、その奥の角のビルが渋谷警察署。
◎渋谷駅前　1968（昭和43）年11月28日　撮影：井口悦男

渋谷駅前から国道246号・六本木通り（左）、明治通り（右）、首都高速3号渋谷線（頭上）を見る
渋谷駅前の都電ターミナル南側をまたぐ歩道橋からの眺め。左が六本木通りの金王坂で、六本木通り青山・六本木方面。左右に交差しているのが国道246号で、左奥で青山通り、右奥で玉川通りの愛称名になる。左の電車は⑨系統の6000形。右の直進

道路が明治通りで奥が並木橋・天現寺橋方面。電車は㉞系統の2000形。頭上は首都高速3号渋谷線。正面のビルは渋谷警察署で、戦後は盛り場・渋谷の事件やモメ事に登場してきた。◎渋谷駅前　1968（昭和43）年9月11日　撮影：矢崎康雄

渋谷駅前に到着した㉞系統の8000形
渋谷駅東口前に都電ターミナルが完成した当時の風景。左から東横百貨店（後の東急百貨店西館）、同東館（3階に地下鉄銀座線渋谷駅）。㉞系統の走る電車通りは「明治通り」で奥が新宿方向。左に暗渠から顔を出した「渋谷川」と高架の東急東横線渋谷駅。国鉄の渋谷駅は東横の西館・東館の谷間にあってこの位置からは見えない。
◎渋谷　1958（昭和33）年3月9日　撮影：小川峯生

拡幅工事が始まった頃の明治通りから渋谷駅方面を望む
渋谷駅付近の明治通りは狭い道幅だったが、昭和30年代初めから拡幅工事が開始されて現在の道幅になった。当時は1964東京オリンピックに向けて都内の道路整備が急ピッチで進みつつあり、中でも道路事情が悪かった山の手地区での新設や拡幅、舗装の強化などが目立った。◎渋谷駅前〜並木橋　1959（昭和34）年6月25日　撮影：小川峯生

渋谷駅前を発車して天現寺橋方面に向う㉞系統金杉橋行きの8000形
㉞系統が進む渋谷から天現寺橋にかけての明治通りは商店、中小企業、所どころに飲食店が並ぶ程度の地味な電車通りだった。写真の電車は1956（昭和31）年製の8000形の１次車で、簡易設計の車体や乗り心地の悪さを訴える都民の声が新聞の都民版に出始めていた。その多くは1956年まで製造が続いた名車7000形との比較によるもので、将来を見越して安価な車両としたことが乗客の不満を誘発したものだった。ちなみに7000形は１両800万円、8000形は１両700万円で新製したと局からの説明があり、100万円の差が乗心地となって表れたのだった。◎渋谷　1957（昭和32）年２月13日　撮影：荻原二郎

渋谷駅前から１つ目、並木橋停留場に停車中の㉞系統渋谷駅前行きの6000形
渋谷駅前から渋谷橋までは㉞系統の単独路線で、商工業地区が続く。右奥には渋谷川が並行し、少し離れて東急東横線の高架線が並木橋付近まで並行していたが、2008（平成20）年６月の東京メトロ副都心線との相互直通乗入れ開始で同線は地下化され、高架区間は廃線となった。現在、この付近の明治通りは拡幅され、沿道には背の高いビルが林立しているが、左手奥は昔からの高台に広がる文教地区で、国学院大学、実践女子大学、金王神社、氷川神社などの周辺には住宅が広がっている。
◎並木橋　1969（昭和44）年５月14日　撮影：荻原二郎

東二丁目（旧・中通二丁目）で客扱い中の㉞系統渋谷駅前行きの6000形
渋谷駅前〜天現寺橋間の旧・玉電建設区間は、明治通りが拡幅されるまで戦前の玉電や山の手の都電に見られた「電車通りの風情」が昭和40年代まで残されていた。平凡といえば平凡な風景だったが、通勤通学・商用の利用客が多く、それなりの魅力があった。◎東二丁目　1969（昭和44）年5月14日　撮影：荻原二郎

文教地区の地味な電車通りにあった広尾一丁目停留場に停まる㉞系統渋谷駅前行きの3000形
渋谷区の広尾一帯は学校や病院と寺院、大使館、住宅が広がる落着いた文教地区で、電車通りの商店街も小規模なものだった。現在のおしゃれな広尾の街並みに変ったのは1964（昭和39）年の地下鉄日比谷線が全通してからのことで、近隣の恵比寿、南麻布、六本木などとの連綿が強まって街の性格が一変した。現在は外苑西通りにある日比谷線の広尾駅が中心で、写真の一丁目は文教住宅地である。◎広尾一丁目（旧・下通二丁目）　1969（昭和44）年5月14日　撮影：荻原二郎

天現寺橋から渋谷駅前に向う㉞系統の2000形
拡幅前の明治通りには道幅の狭い区間が各所に残り、ネックになっていた。写真の2000形は1963（昭和38）年12月に廃止された⑭系統杉並線（新宿駅前〜荻窪、1067㎜軌間の狭軌線）からの転入車で、車体幅が狭く、老朽化した小型車700、800、1000〜1200形の代替として狭隘路線・閑散路線で重宝されていた。天現寺橋交差点近くには天現寺、慶應義塾幼稚舎などもある文教住宅地区だが、交差点以東の明治通りは首都高速2号目黒線の高架が古川（渋谷川の天現寺より下流の呼称）の頭上に建設され、高層ビル化も進んで風景は味気ないものに変っている。
◎広尾一丁目〜天現寺橋　1969（昭和44）年5月14日　撮影：荻原二郎

おしゃれな街になる前の広尾の商店街を渋谷駅前に向う㉞系統の6000形
撮影当時は、渋谷駅前から渋谷川と並んで明治通りを南下して広尾一丁目（旧・下通二丁目）まで来ると、沿道はささやかな商店街に変り、奥には住宅と寺院が目立つようになっていた。昭和30年代までの広尾は地味な街で、その中心である外苑西通りの広尾橋方面も閑静な街だった。この一帯が今日の隆盛を迎えるのは東京メトロ日比谷線が1964（昭和39）年に全通してからのこと。以後は広尾橋に設けられた地下鉄広尾駅を中心にカフェ、レストラン、ブティック、ケーキ・ベーカリー、コンビニ、居酒屋などが並ぶ山の手有数のしゃれた街となった。㉞系統の都電はそちらへは向わず、明治通りを直進して外苑西通りと合流する天現寺橋を経由して金杉橋方面に向っていた。◎広尾一丁目　1969（昭和44）年5月14日　撮影：荻原二郎

天現寺橋から明治通りを渋谷駅前に向う㉞系統の6000形
中央奥が外苑西通りと合流する天現寺橋交差点。右手奥が外苑西通り方面。明治通りの都電は渋谷橋から⑧系統（中目黒〜築地）が加わって天現寺橋に至る。さらに天現寺橋からは⑦系統（四谷三丁目〜品川駅前）が加わって3系統の共用路線となって古川橋まで進み、またさらに系統が増える。このように明治通りは城南地区の都電の大幹線となっており、古川沿いの庶民的な街の生活に密着していた。なお、天現寺橋から恵比寿長者丸に向う支線（1.2kmの複線）は戦争末期の1944（昭和19）年に廃止されたが、天現寺橋の上には同線の線路が昭和40年代初めまで残っていた。
◎天現寺橋
1969（昭和44）年5月14日
撮影：荻原二郎

天現寺橋停留場から天現寺橋交差点に進む㉞系統金杉橋行きの1200形
渋谷駅前からこの地点までは玉川電気鉄道が建設した区間で、都営になるまで線路はここで切れていた。画面には天現寺橋から合流する⑦系統（四谷三丁目〜品川駅前）の1200形の姿が交差点内に見える。交差点の左には⑦⑧㉝㉞系統を担当する広尾

車庫があった。交差点の右には渋谷川に架る「天現寺橋」があり、橋上には恵比寿線（天現寺橋〜恵比寿長者丸）の廃線跡のレールが長らく残っていた。この橋を境に渋谷川は「古川」と名を変えて㉞系統と並んで下流の金杉橋まで進む。
◎天現寺橋　1957（昭和32）年12月13日　撮影：小川峯生

急速に変りはじめていた天現寺橋付近の光景
明治通りと外苑西通りが交差する天現寺橋交差点付近は、昭和30年代まで広尾地区と同様の閑静な文教住宅地だったが、昭和
40年代に入ると天現寺橋〜光林寺前間に首都高速2号目黒線の天現寺ランプ（出入り口）が設けられ、景観は一変した。開設当

初は付近の街並に大きな変化は無かったが、現在は沿道のビルの増加と高層化によって伸びやかだった雰囲気は消えている。
◎天現寺橋〜光林寺前　1968 (昭和43) 年11月28日　撮影：井口悦男

天現寺橋を出て光林寺前・古川橋方面に向う㉞系統金杉橋行きの6000形

天現寺橋の都電停留場は渋谷駅前方面行きの㉞系統・中目黒方面行きの⑧系統と、四谷三丁目方面行きの⑦系統の分岐点で、輻輳するために画面右に見るように信号塔が設置されていた。正面奥が広尾車庫で、庫内の都電の姿が見える。現在は高層のマンションが林立し、このような長閑（のどか）な光景は完全に失われている。
◎天現寺橋
1969（昭和44）年1月2日
撮影：矢崎康雄

古川沿いの光林寺前から
天現寺橋に到達した㉞系統の
渋谷駅前行き6000形
広尾車庫のある天現寺橋停留場近くからの眺め。古川沿いの光林寺前停留場は広大な光林寺やフランス大使館のある閑静な場所だったが、首都高速2号目黒線の開通で景観が変った。それでも撮影当時は高層のビルが並ぶ現在よりは静けさを保っていた。
◎天現寺橋～光林寺前
1969（昭和44）年1月2日
撮影：矢崎康雄

二ノ橋を行く㉞系統
金杉橋行きの6000形
短区間ながらセンターリノベー
ション化されていたので、都電は
クルマに邪魔されることなくス
ムーズに走っていた。撮影当時の
山の手では異色の風景となって
いたが、都電の斜陽化によってこ
のような施設は増えることもなく
廃止に向かっていったのは惜しまれ
た。廃止後は予想通りクルマの道
に明け渡された。
◎二ノ橋
1969（昭和44）年8月30日
撮影：荻原二郎

終戦直後の三ノ橋で客扱い中、㉞系統の1200形

㉞系統は戦後長らく1200形が多く運用に就いていた。画面は戦後すぐの撮影なので、原形を保っていた当時の記録になっている(ただし集電ポールは戦時中に1本化、ストライカーは戦後型に交換済み)。古川沿いの明治通りは当初道幅が狭く、安全地帯のない停留所が続いていたので、高床車1200形の乗降はかなりキツかった。
◎三ノ橋
1949(昭和24)年12月23日
撮影:井口悦男

㉞系統に沿って流れる「古川」の頭上に開通した首都高速2号目黒線

㉞系統は川の流れと関係の深い路線で、渋谷駅前から天現寺橋までは渋谷川に沿って走り、天現寺橋からは渋谷川が「古川」と名を変えるが、終点の金杉橋まで古川沿いを走る。そのため橋の名の付く停留場が多く、上流側から並木橋、渋谷橋、天現寺橋、四ノ橋、古川橋、三ノ橋、二ノ橋、一ノ橋、中ノ橋、赤羽橋、芝園橋、金杉橋の12橋の名が並び、「橋づくしの系統」と呼ばれた。しかし撮影当時の渋谷川⇒古川は決して美しい流れではなく、濁った水や水垢の揺らぐ川だった。
◎光林寺前
1969(昭和44)年1月2日
撮影:矢崎康雄

二ノ橋~一ノ橋(後の麻布十番)間の原風景

奥の突当りが一ノ橋、右の道路下に古川の流れがあり、カメラの立ち位置は二ノ橋停留場近く。この区間の再開発は早くに行われ、1959(昭和34)年には右側に東京都住宅公社アパートの1号館と2号館(現・ツイン一ノ橋1・2号館)が竣工し、道路は拡幅のうえ都電はセンターリザベーション区間となった。
◎二ノ橋~一ノ橋
1957(昭和32)年1月3日
撮影:小川峯生

早くから再開発が行われた二ノ橋を行く㉞系統金杉橋行きの6000形
古川橋で明治通りは終り、ここから麻布通りに出た㉞系統は、古川の流れと共に三ノ橋、二ノ橋と進む。二ノ橋付近は昭和30年代初期から道路の拡幅と沿線の再開発が進んだ街区で、都電はセンターリザベーション化されてスムーズに走れるようになっていた。右手の高いビルは1959（昭和34）年に竣工した東京都住宅公社アパートの1号館と2号館（現・ツイン一ノ橋1・2号館）。長らく一ノ橋、麻布十番付近のランドマークとなっていた。右奥に首都高速2号目黒線の高架が見える。現在、二ノ橋一帯が麻布十番（旧・一ノ橋）の一部であるかのような表記が目立つようになってきた。
◎二ノ橋　1969（昭和44）年10月24日　撮影：荻原二郎

雪の日の二ノ橋、渋谷駅前へ向う㉞系統の6000形
よほどの大雪でない限り、東京に降る程度の雪には強い都電だった。白一色の巷をわずかに速度を落しながらも走り続ける都電の姿は心強く思われた。
◎二ノ橋
1969（昭和44）年3月4日
撮影：井口悦男

一ノ橋（後の麻布十番）の原風景
急カーブが名所の1つだった一ノ橋交差点。右が金杉橋方向で、古川もここで右折して金杉橋方向に平行して進む。その後一ノ橋には首都高速都心環状線と2号目黒線のジャンクションが建設され、街の景観は大きく変った。昭和40年代の町名改正で

都電の停留場は「麻布十番」と変り、現在はビル街ながら麻布十番の商店街に人気がある。都電なき後の足は東京メトロ南北線と都営大江戸線。両線に麻布十番駅がある。
◎一ノ橋（後の麻布十番）　1960（昭和35）年3月28日　撮影：小川峯生

麻布中ノ橋から一ノ橋（後の麻布十番）方向に進む㉞系統渋谷行きの8000形
奥の角地が一ノ橋、その奥の高台が麻布六本木方面。道の左手には古川が並行して流れている。地下鉄の開通は遅れたが、現在、この道路下には都営大江戸線が通っており、利便性が増している。高層ビルが増えて街の表情も変貌をとげている。
◎麻布中ノ橋　撮影年月日不詳　撮影：小川峯生

再開発で姿を変えた一ノ橋（後の麻布十番）の都電風景
高速道路の高架橋と右手の東京都住宅公社アパートの完成で、一ノ橋一帯の景観は一気に近代的な都市空間に変った。都電もこの付近では自動車に邪魔されずに走ることが出来た。◎一ノ橋　1969（昭和44）年9月　撮影：髙井薫平

庶民的な盛り場だった芝園橋の
交差点を渡る渋谷駅前行き
㉞系統の6000形
古川に沿ってさらに東京湾の河口方面
へ進むと、芝園橋の交差点に出る。こ
こも都電の要衝の1つで、交差する日比
谷通りには②系統（三田〜曙町〔後の東
洋大学前〕）と㊲系統（三田〜駒込千駄
木町）が通っていて、㉞系統と古川橋か
ら同道してきた⑤系統（目黒駅前〜永
代橋）が②㊲の方に合流して別れてい
く。芝園橋の一帯は庶民的な繁華街・
住宅地として戦前から活気のあった街
で、飲食店、酒場、雀荘、ビリヤード、
映画館などがあった。田中千禾夫の名
作戯曲「おふくろ」（1932年作）はこの
街が舞台で、セリフの中に真新しくモ
ダンだった「芝園館」も登場する（洋
画封切のあと東宝映画封切館となる）。
地元の芝や麻布の人たちに親しまれた
が、1968年に閉館した。
◎芝園橋
1969（昭和44）年8月30日
撮影：荻原二郎

都電要衝の1つ・赤羽橋を後に
渋谷駅前に急ぐ㉞系統の6000形

奥が桜田通り（国道1号線）との交差
点。右折すると慶應義塾前・泉岳寺前・
品川駅前方面で⑦系統（四谷三丁目〜
信濃町駅前〜天現寺橋〜古川橋〜泉岳
寺前〜品川駅前）が通っていた。また、
赤羽橋からは㉞と共に進んできた⑧
（中目黒〜築地）がここから桜田通りに
去っていた。都電の往来が激しい交差
点で、北側には芝公園内の東京タワー
が間近に高だかと見えていたが、首都
高速都心環状線の開通後はタワーの全
貌は見られなくなった。
◎赤羽橋付近
1969（昭和44）年8月30日
撮影：荻原二郎

**国道15号(第一京浜国道)を目前に
金杉橋から渋谷駅前へ折返す㉞系統の7000形**

芝園橋から1つ進むと国道15号(第一京浜国道)との合流点で、都心に近いオフィス・商業地区となっている。㉞系統はここが終点となり、国道には進まずそのまま折返していた。国道へ進むのは同道してきた④系統(五反田駅前〜銀座二丁目)だった。国道15号には大幹線の①(品川駅前〜上野駅前)が通っていた。現在はその道路下に都営浅草線が通っているが、大門駅と三田駅との中間でやや利用しにくい。が、JR浜松町駅も徒歩圏内なのでさほど不便ではない。㉞系統と渋谷から連れ添ってきた古川(天現寺橋より上流は渋谷川)は、少し直進して東京湾に注いでいる。

◎金杉橋　1969(昭和44)年8月30日　撮影：
荻原二郎

㉞系統の発着点・金杉橋で発車を待つ渋谷行きの2000形

正面奥が国道15号（第一京浜国道）との合流点。㉞系統はそちらへは進まず、この停留場から折返していた。写真の2000形は狭軌の杉並線所属車だったが、同線が1963（昭和38）年に廃止となった後、1067㎜⇒1372㎜軌間に改軌して都内線に転じて来たもの。写真の2021号は最終グループ2018～2024のうちの１両で、都電の廃止が進む中で同期生は１両を除き長崎電気軌道に譲渡されて長く活躍した。

◎金杉橋

1969（昭和44）年2月21日

撮影：井口悦男

あとがき

　山の手の都電では若い系統番号の車両が行き交い、下町では20番代以降のいかにも貫禄たっぷりの系統番号を掲げた車両があふれていたものだ。しかし利用客にはそれぞれの動きがあり、あちこちを移動し、いろいろな系統に接するので、このような差異にはあまり拘（こだわ）る人もいなかったようだ。系統番号順に巻を追ってきたため、本巻はそうした山の手と下町の系統が入り組んだ1冊となったが、収録の各系統に眼を通していただくと、それほど異色の路線を並べたわけでもないことがお解りいただけたことと思う。とはいえ、巻中の「㉜系統」は第6巻で取上げた「㉗系統」と共に現在の《荒川線》の元祖の系統であり、この巻の中では異色の内容となった。何故に都電唯一の生残り路線となったのか、その後の車両・施設の改善がいかに徹底的に行われたか、ご提供いただいた諸氏の写真でたどっていただくとその全貌がお解りいただけたと思う。このシリーズは次の第8巻で幕を閉じる予定で、最後にはトロリーバスを添えてシメにしたいと思っている。乞うご期待、といったところである。

2023（令和5）年5月　　三好好三

三好好三（みよし よしぞう）

1937（昭和12）年、東京市世田谷区豪徳寺生れ。国学院大学文学部卒、高校教諭を経て主に国鉄・私鉄・路面電車・バスの東日本・西日本の比較、コラムなどの読み物執筆を続ける。主な著書に「鉄道ライバル物語 関東vs関西」「昭和30年代バス黄金時代」「中央線 街と駅の120年」「中央線オレンジ色電車今昔50年」「近鉄電車」（以上JTBパブリッシング）、「昭和の鉄道」（小学館）、「よみがえる東京 都電が走った昭和の街角」（学研パブリッシング）、「京王線・井の頭線 昭和の記憶」（彩流社）、「常磐線 1960年代〜90年代の思い出アルバム」（アルファーベータブックス）、シリーズ「想い出の国鉄・JRアルバム 東京近郊区間 1060〜1980年代の記録」（共著、フォト・パブリッシング）など多数。

【写真撮影】

井口悦男、江本廣一、小川峯生、荻原二郎、髙井薫平、竹中泰彦、
田尻弘行、日暮昭彦、矢崎康雄、安田就視

発掘写真で訪ねる
都電が走った東京アルバム　第7巻(29系統〜34系統)

発行日……………………2023年6月23日　第1刷　　※定価はカバーに表示してあります。

著者………………………三好好三
発行人……………………高山和彦
発行所……………………株式会社フォト・パブリッシング
　　　　　　　　　　　　〒161-0032　東京都新宿区中落合2-12-26
　　　　　　　　　　　　TEL.03-6914-0121　FAX.03-5955-8101
発売元……………………株式会社メディアパル（共同出版者・流通責任者）
　　　　　　　　　　　　〒162-8710　東京都新宿区東五軒町6-24
　　　　　　　　　　　　TEL.03-5261-1171　FAX.03-3235-4645
デザイン・DTP………柏倉栄治（装丁・本文とも）
印刷所……………………サンケイ総合印刷株式会社

ISBN978-4-8021-3400-2　C0026

本書の内容についてのお問い合わせは、上記の発行元（フォト・パブリッシング）編集部宛てのEメール（henshuubu@photo-pub.co.jp）または郵送・ファックスによる書面にてお願いいたします。